400kg捨てたら 人生まるごと片づいた

ぴより

扶桑社

INTRODUCTION

はじめまして。
3代続く汚部屋生まれ、
汚部屋育ちの
整理収納アドバイザー

ぴよりです。

片づけられない、
とにかく雑な私ですが、
整理収納に出合い、

400kg分のモノを捨てられ、

2000万円の節約が叶い、

こーんなにすっきりした家を手に入れ、

人生を大きく変えることができました。

片づいた家で暮らしたことも、
親から「片づけろ」と言われたこともない。
飲みかけのペットボトルが転がっていて
からになったお菓子の缶が散乱している。

今でこそすっきりした家で暮らしていますが
汚部屋が当たり前の景色だったので、

片づけ方なんてわからない。

さらには家の中だけではとどまらず、
「だらしがないから結婚は無理」とフラれたり
単位の管理が雑で高校中退、
健康管理が雑で20代でがんに。
なにもかも思い通りにいかず、
「人生終わったな」
と思っていました。

そんな私が変われたのは、
雑な性格でも
「小ぎれいに
暮らす」
方法を見つけたから。

管理できない量のモノは
とにかく捨てる

片づいた"風"に見えればＯＫ

きれいを保てない
水まわりにモノを置かない

雑な性格を変えるのではなく、
「雑な性格に合わせた暮らし」に変えてみたのです。

家が片づくと、驚くことに
気持ちも前向きに。

片づけられたという
成功体験から
自己肯定感も
爆上がり！

汚部屋出身の私が
片づけを仕事にしているなんて
人生なにがあるかわからない。

人生を悲観していた
あの頃の自分に言ってやりたい。

「いつからでも、
なんでもできる」と。

キラキラした暮らしはできなくても、
そこそこきれいに暮らすことは可能です。
片づけられない雑な人こそ、
片づけたら人生が変わります。

あなたも、
人生変えて
みませんか？

はじめに

私は、片づけられないせいで人生において失ったモノがたくさんあります。学歴、結婚、お金、時間、健全な心身、マイホーム、実家、子どもの未来……。でも片づけに出合って人生を取り戻した感覚が、確かにあります。

巷では「収納テク」「捨て方」「整理術」などの情報が溢れています。しかし、それらはあくまでも「テクニック」「方法」「術」。やり方だけ知っていても片づきません。皆さんは「片づけ本を真似したけれどどうまくいかなかった」という経験はありませんか？　これが落とし穴。**じつは片づけは、「捨て」や「収納」「整理」の前段階が大事なんです。**そこに人生を変える片づけの秘密があります。

私が片づけ始めたのは家づくりがきっかけ。情報収集のためにインスタグラムを見て、ひっくり返りました。整理収納アドバイザーが棚ぴったりに収納する「シンデレラフィット」術や丁寧な暮らしを発信していたのです。汚部屋生まれ汚部屋育ちの雑《ざつ》女《おんな》である私は、「世の中の人はこんなキラキラした暮らしを？　キラキラ主婦に、俺もなる」と決意すると同時に、ひっくり返った体を起こし、すぐに検索しました。

「整理収納アドバイザー　なるには」。

講座を1日受講するだけで2級が取得できるとわかると、すぐに申し込みました。その内容に、これまたひっくり返ることになります。もう起き上がれないかと思いました。汚部屋というだけで人生において失っているモノが多すぎること。「広い家を建てれば片づく」「収納がたくさんあれば片づく」そんな考えが、まっっっっったく間違っていたこと。そもそも「整理」という言葉の意味――。

あまりの衝撃に「どうして義務教育で教えてくれないんだ」とプンスカしながら、「これ以上、人生を失いたくない」という決死の思いで片づけに着手。進めるうちに、ただモノを減らすだけではなく、自分自身の考え方と深く向き合う機会が増えていったのです。それは、苦しい時間でもありました。モノを捨てることへの罪悪感、未来への不安、「いつか使うかも」という漠然とした思い。そしてなにより、過去に自分が選んできたモノと向き合うのは、精神的に大きなエネルギーを必要としました。それでもなんとか片づけ、400kg捨てた頃には心まですっきりし、前向きな気持ちで日々を過ごせるようになりました。

空間が整うと、心にもスペースができる。**本当に大切にしたいモノや、自分らしい生き方が見えてくるのです。**キラキラ主婦を目指すのをやめ、丁寧な暮らしをあきらめたのは、私にとっては正解でした。家や暮らしは変わっても、性格は簡単には変わらない。それに、別に丁寧な暮らしがしたいわけじゃない。**雑なままの私でもいい。けれど、ちょっとだけ小ぎれいに暮らしたい**と気づくことができたのです。

この本を読んだ人にどうなってほしいかと聞かれれば、**「人生を失わないでほしい。もっと言えば、片づけを通して夢を叶えてほしい」**と答えます。単に片づけてもらうために書いたのではありません。だって片づけはただの手段だから。「今さら夢なんて」という方もご安心ください。日常は夢で溢れています。たとえば「ロボット掃除機を走らせたい」、これも立派な夢。今、わが家は寝ている間にロボット掃除機が掃除をしてくれ、毎日爽やかな朝を迎えることができます。汚部屋出身の私にとっては、夢みたい。こんな風に小さな夢を見つけて叶えていくと、日常がキラキラしてくるのです（あれ、まさかキラキラ主婦になっちゃった!?）。ついにキラつき出した今となっては、昔の自分なんて封印しておきたい。でも、公開することで誰かの人生が片づくなら、誰かの夢が叶うのなら……。

そんなわけで、本書の前半は自分語りが続くのですが、「こんな人生は絶っ対に嫌だ!!」と反面教師にしていただけたら幸いです（恥）。

CONTENTS

PART 2

雑女「片づけ」と出合う

PART 3

怒濤の「捨て活」ロード

PART 4

「雑でも小ぎれい」な暮らし方

PART 5

片づけは、子どもへのギフト

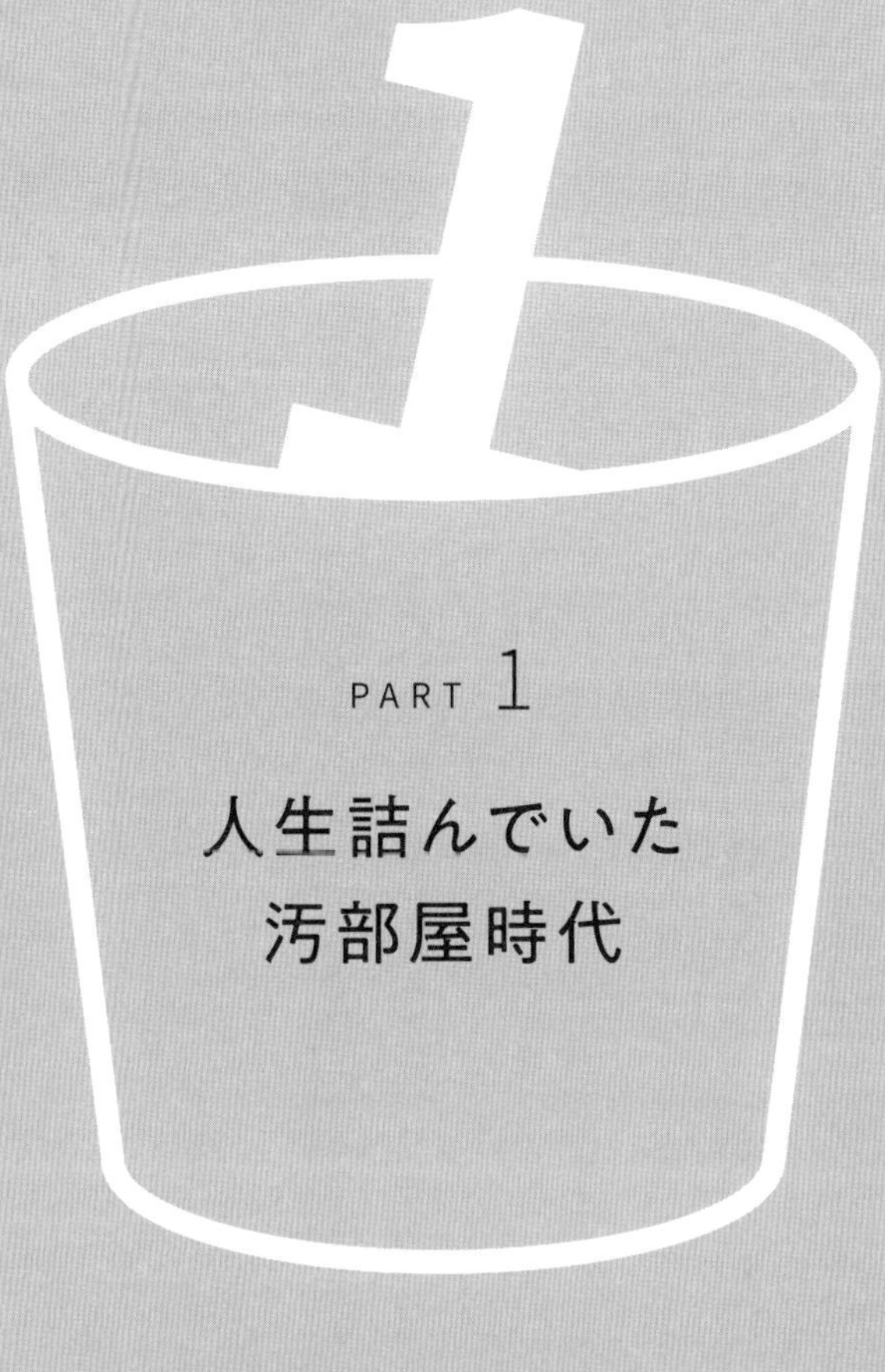

PART 1

人生詰んでいた汚部屋時代

汚部屋暮らしのプロフィール

突然ですが、皆さんは**「部屋が汚い」ことを理由にフラれた経験はありますか？　私はあります。**　1人暮らしをしていたとき、「こんなにだらしのない女性とは結婚できない」という捨てゼリフとともに、ありし日の彼氏は去っていきました。

整理収納アドバイザーとして活動する中で、「33年汚部屋住み」なんてプロフィールに書いておりますが、「いやいや、汚部屋と言っても限度があるでしょ」と思った方、甘いです。**ただモノが多いとか、散らかっているというレベルではなく、衛生的に「汚い」……「リアル・汚部屋住人」**だったのです。

ウン日前に食べたカップラーメンが、フワフワの菌類を増殖し始めても放置。中身が2〜3㎝残ったペットボトルが、飲みきられることなく何本も転がっている。私の実家は、そんな**ゴミ屋敷レベルの汚部屋**でした。

それ以外にも、大量のモノ・モノ・モノ。クローゼットから流れ出て、ハンガーラックパンパンに吊るして取り出せなくなった洋服たち。似たような洋服ばかり買うくせに、いつも「着る服がない」と焦る毎日。なのに「やせたら着られるから」「高かったから」と言い訳の数々が幾層にも積み重なり、収拾がつかなくなっていました。うら若き女子だったので、人並みに化粧品も買っていました。高いモノから安いモノまで、その効果を小耳に挟むと、やっぱりちょっと試してみたい。でも結局2〜3回しか使わない。めったに化粧をしなかったくせに、好奇心だけは旺盛だったのです。

それから、山のような本と同人誌。オタクだったので、暑い中、スーツケースを引きずって行列に並び、東京ビッグサイトまで買いに行ったりして……。ゲームも大量に持っていました。ゲーム機本体は手放したのに、「プレミア価格がついているから」という理由で、やることもないゲームソフトを攻略本とセットで持ち続けていたのです。「もっと高くなるかも」と、なかなか手放せないのがオタク脳……。
振り返ってもあきれるのは、小学校5年生のときに買った家庭科の裁縫道具。ボタンが外れたときとか、たま～に使うことはある。あるけれど、取り出すたびにフタに描かれたキャラクター・ポチャッコのイラストに違和感が。「ワシ20歳過ぎているんだぞ」と自分にツッコミを入れながらも、なぜか持ち続けておりました。

笑い話のようですが、そんなモノだらけの汚部屋住みのくせに、**収納グッズも山のように持っていました。**100円ショップで買った、色も形もバラバラな「入れ物」。「よくわからないけれど便利そう」と買ってきたはいいものの、用途がフワッとしたグッズたち。心のどこかに「片づけなきゃ」という気持ちだけはあったのでしょう。店で目に入るたびに、ちょこちょこと無作為に買い続け……そんなわけで汚部屋脱出期（PART3参照）には、山のような収納グッズが発掘されました。

それでも人並みに、「こんな家じゃ人を呼べない」という思いはあったのです。なのでいざ彼氏や友人が家に来るとなったら、「すべて別室に押し込む」作戦を決行、開かずの扉を出現させていました。当時は**「片づけ＝見えないようにすること」**と思い込んでいたのです。モノが溢れて扉が閉まらず、どうにもならなくなったら第2作戦「実家に送る」を決行。今、整理収納アドバイザーとしてお客さまに接していると、いまだにこの2つの作戦を採用している方の多いこと、多いこと（笑）。

「どうしてそんな状態になる前に、もっと早く整理しなかったの？」と、お叱りの言葉が飛んできそうです。いろいろな要因がありますが、「人間はあらゆる環境に慣れる生き物」だというのが1つの理由です。**ずーっと汚部屋で暮らしていると、どんなに散らかっていても目が慣れてしまい「当たり前の風景」になっていく。**いかにそれが深刻な状態か気がつかず、感覚がマヒしていく。その結果、汚部屋を通り越して、ゴミ屋敷寸前にまで至ってしまったのです。そんな私の汚部屋暮らし人生について、片づけの話の前に、まずはかつてどんな暮らしをしていたのかを紹介したいと思います。

由緒正しき汚部屋住人

なぜ片づけられない女になったのか。さかのぼると、そもそも親が片づけられない人たちでした。そしてその親（祖父母）たちも……そう、**私は3代続く、由緒正しき汚部屋住人**なのです。汚部屋サラブレッド。

生まれたときから汚部屋がデフォルトで、片づいた家に住んだことがない。親から「片づけなさい」と言われた記憶もない。なぜなら本人たちが片づけてこなかったから。片づけや整理を学ぶ機会がなく、そのまま大人になってしまったのです。

育った実家は祖父母、両親、妹弟の7人暮らし。祖父母や両親が片づけられなかったのは、時代の背景もあったと思います。彼らは「モノの量＝豊かさ」と考える世代。

モノはあればあるほどよく、「捨てる」や「手放す」という選択肢が、そもそも頭の中に存在しなかったのでしょう。

さらに育った場所は「ど」がつく田舎で、とにかくだだっ広い。２５０坪の土地の中に70坪・７ＳＬＤＫの家が建ち、車庫が車３台分、納屋もあってモノを詰め放題。置き場所があるので、家族がなにかを買うたびに、モノは増える一方だったわけです。

まわりの家を見渡しても、漁師や農家ばかりの土地柄。玄関には農作業用の帽子や長靴、ダイニングテーブルには常にふりかけやしょうゆ差しが並ぶような地元でしたから、ＴＶや雑誌で見るような、おしゃれなインテリアとは無縁な生活でした。

そんなごちゃごちゃした家の様子を映し出すように、**小学生の頃の私は連絡帳の書き方が雑で忘れ物ばかり。高校は単位の管理が雑で留年。就職活動も雑な性格だから勢いでブラック企業に就職して、心身を消耗。雑な健康管理がたたって20代でがんに。お金の管理が雑で、30代でも貯金ゼロ。**誰もが羨まない、「汚部屋暮らしの雑女」ができ上がっていったのです。

汚部屋暮らしの心の中

当時の自分を振り返ってみると、とにかくネガティブな性格でした。**汚部屋暮らしはネガティブになりがち**なのです。逆に整理整頓された家に住む人で、ウジウジ悩む人は少ないと思います（私調べ）。

その理由は、頭のどこかで常に「片づけなきゃ」と思っているのに、**現実として片づけられない自分がいるから。**やるべきことができない自分のことを、ず～っと「ダメ出し」している感じなのです。長年そんな状態で生活してきた結果、「どうせ私は片づけられない人間」と、自己肯定感が下がっていく一方でした。

自己肯定感の低かった当時の私は、やたらと「人の目」が気になっていました。たとえば、友人が家に来て2人で出かけようとなったとき。「その服のままでいい？」なんて言われると、そのあとずっと「ダサいと思われているんじゃないか」と気になって気になって、同じ服が着られない。そんなコンプレックスも、服が増える原因の1つだったと思います。

そもそも、洋服の買い物も「おしゃれが楽しい！」「かわいくなるのがうれしい！」といったポジティブな理由からではなく、**仕事の忙しさと人間関係によるストレス発散が大きな目的**になっていました。ネット上でポチッとクリックすると、ドーパミンが出てなんだかスカッとする。「セールになっていたから」「2枚買うとお得だから」など、冷静に考えれば大して欲しくもないのに、「安さ」につられて買うことも多かったです。

自分に似合うか、サイズは合っているのか、本当に必要な洋服なのか……吟味して買っていないので、袖を通してみると「あれ……？　なんか違うかも」「微妙にサイズが合わない」など、失敗ばかり。結果として、いつでも「着る服がない」「似合う服がない」と右往左往していました。

人の目が気になるといえば、洋服以外でも嫌な思い出があります。たとえばわが家にある食器を見て、「100円ショップのモノを使っているの？」「私は有名ブランドの食器を使っているけどね」といったマウントをとる友人がいると、ウジウジ気にしていました。「私ってセンスないのかな」なんて。

ちなみに、今現在もセンスなんてものはこれっぽっちもない（苦笑）。でも、汚部屋から脱出し、自分の「好き！」で買ったお気に入りのモノに囲まれていると、そんなこと1ミリも気にならなくなりました。

しかし当時は「人にどう思われるかな」「これなら恥ずかしくないかな」など、**価値観がすべて他人軸（まわりの反応や評価を気にして考えや行動を決めること）。**「私はこれが好き」「これを持っているとうれしい！」といった**自分軸（自分自身の価値観や信念をもとに考えや行動を決めること）でものごとを考えられなくなっていました。**まさに汚部屋で「自分」を見失っていたのです。

整理収納アドバイザーになる前は、大学卒業後に長く飲食店で働いたのち、看護学校に通い直して看護師の資格を取り、病院で働いていました。そこが、超がつくほどのブラックな職場でパワハラ三昧。仕事と人間関係のストレスを感じる環境でした。その反動で、休日は汚部屋に引きこもってゲームに時間を溶かし、酒と浪費でストレス発散するような日々。計画性もなく、常に行き当たりばったりの人生だったのです。

部屋の状態と頭の状態はイコールです。いつも「どうしよう」「このままでいいのかな」と不安に囲まれているのに、一時の快楽や興奮に飛びつき、そんな自分に自己嫌悪を感じ、落ち込んでは「私なんて」とウジウジする。自分が何者になりたいか、本当はなにがしたいのかなんて考えられないし、向き合えない。気がつけば、かなり頭の中がとっ散らかった雑女となっていました。

汚部屋で失ったモノ①
健全な心身

前ページで汚部屋暮らしのネガティブな精神状態を書きつらねましたが、その弊害はまだまだあります。整理していきますと、汚部屋暮らしで失ったモノその①は、**「健全な心身」**です。人間にとってなによりも大切な心身の健康。しかし、私はまずその健康を失ってしまいました。ここから語ることは、ぜひ反面教師にしていただきたい！

「心身」のうち、メンタル面でいうと、まずは自宅に人を呼べないからか**人間関係に支障が出ました。**20代の頃、友人と集まって「宅飲みする？」という話になったときに、「うちは絶対にダメ！」と断固拒否。それが何度も続くと、「なんで？」「フェアじゃない」などと言われ……段々と人づき合いがおっくうになっていきました。

私が生まれて初めて汚部屋を脱出したのは約5年前、今の家に引っ越したときのこと。長男誕生から3か月後で、出産直後はまだ汚部屋住みだったため、お祝いに来た人も玄関先で帰す有り様。人生で結婚と同じくらい「おめでとう」と言われるタイミングでこれですから（笑）、そりゃあ友人が減るわけです。そうして、まともな人づき合いができなくなっていきました。

また、いつも気持ちが疲れてイライラしていました。散らかっていることは重々承知で、常にうっすらと「片づけなきゃ」という焦りが、雑音のようにバックグラウンド再生されている。それが脳のリソースを割き、難しいことがなにひとつ考えられなくなっていく。いつでもなにかに追われている気がして、気持ちが一瞬も休まらない。

結果的に、**ものごとに前向きに取り組む気力がゴソッと奪われていました。**

次に心身の「体」、健康面です。汚部屋ならではのエピソードを披露しちゃいますと、掃除をしないから浴室がどんどん汚くなっていく。化粧品と同じように、シャンプーやトリートメント、パックなど使いかけのモノが浴室に次々に置かれ、たまっていく。湿気もたまるので、**底がヌメヌメしてきて、浴室のラックもカビてくるし、床も水垢だらけ。**

「そんな汚い場所に行くのは嫌！」と、お風呂に入る気がなくなっていきます。つまり先立ちで、一瞬シャワーを浴びて終わり。湯船につからないから、日々の疲れもとれないまま、体にどよ〜んと蓄積していく。日本人ならやっぱり、湯船にしっかりつからねば、ですよね。

「それなら掃除しろよ！」と思うでしょうが、当時の私にはできなかったのです。できないのです……本当に。極端な話、**掃除はやらなくても死なないじゃないですか。**食べなきゃ死ぬし、眠らなきゃ死ぬけれど、掃除はしなくても死にはしない。だからずっとあと回しになる。

掃除って心身が健康な人じゃないと、できないものなのです。汚いからストレスがたまって、そのストレス解消に心身に悪いことをして、ますます疲れがとれず、掃除する元気もなくなって、さらなるストレスをためていく。このような負のループに一度はまってしまうと、そこから抜け出すことは本当に難しいのです。

キッチンも浴室と同じく汚いから、もちろん料理をする気分にもなりません。**排水口や三角コーナーも、ヌメヌメで不衛生だから絶対に触りたくない。**アルバイト時代から飲食店で長く働いていたので料理ができないわけではないけれど、家では絶対にしたくなかった。なので食事は外食が基本。栄養バランスも考えず欲望のままに食べ散らかし、お酒も飲み放題でした。

そんな底辺な汚部屋暮らしで、ろくに健康管理もできずに生活していたからか、**25歳でがんが発覚しました。**幸い早期発見できたので今はこうして元気になりましたが、病気の原因の1つは、明らかに汚部屋暮らしの悪影響だったと思っています。

心も病むし、体も病む。**「汚部屋暮らしは病気になる！」**と強く言いたい。つまり汚部屋で失う最大のモノは、自分自身の「健やかな心身」なのです。

汚部屋で失ったモノ②時間

汚部屋に住むことで失ったモノその②は、**「時間」**です。本当にたくさんの、大切で貴重な時間を失ってきました。片づけられない人あるあるとして、これは皆さんにも共感していただけると勝手に思っています。

整理整頓ができない汚部屋暮らしは、「どこになにがあるのかがわからない」のが宿命。そんなわけで年がら年じゅう、なにかと探し物で時間をムダにしていました。「探し物をする程度の時間で、『失った』とか大げさな」と、軽く考えていませんか？仮に「ハサミどこだっけ」といった探し物の時間が、1日5分あるとします。1か月にすると150分、1年にすると30時間、10年なら、なんと300時間！ 300時間って、12日半ですよ。よく家計の見直しなどで、コンビニでのムダづかいのチリツモ話が出てきますが、時間だってお金と同じなのです。
しかもこれは「5分」と仮定しての計算。片づけられない人が探し物で使う時間は、1日平均20分（！）というデータもあるとか。またこれは1人暮らしの場合の話ですが、夫婦だったら、親子だったら……汚部屋は2人分、3人分、それ以上の時間を奪っていくのです。

また、汚部屋は**家事1つ行うのにもやたらと時間がかかります。**モノが多すぎて、家の中をまっすぐ歩けない。なにかをまたいだり、踏んだり……今考えると、家事動線なんてまったく考えていなかった。当時の私はめったに掃除をしませんでしたが、それでも「たまには」していました。そうしたときに、あっちの山をこっちの山へと、モノを移動しながらでないと掃除機すらかけられない。

のちほど説明しますが（59ページ参照）、掃除の前には「片づけ」が必要です。「片づけ」とは「整理」「収納」「整頓」をまとめたもので、「整頓」の前には「収納」と

「整理」が必要。モノを「いるモノ」「いらないモノ」に分け、「いらないモノ」を手放すのが「整理」。モノをどこに置くか、「モノの住所」を決める作業が「収納」です。住所が決まっていないモノはどうすることもできないので、右から左へと移動するだけだったり、どこかに押し込んだりするしかない。

なので、**掃除という作業がエライ大仕事になる**わけです。大げさでなく、「彼が遊びに来るから掃除をしなきゃ」と取りかかっても、1日がかりでも終わらない。毎回「掃除って大変だな」と重荷に感じ、掃除したつもりが「むしろ散らかっている」状態になることもしょっちゅうでした。そうしてますます掃除のハードルが上がっていく。そんな大変な作業を習慣化させるのは不可能です。

また汚部屋にいることは、雑音だらけの空間にいるのと同じことだと書きました。整った空間であれば、スパッと短時間で判断できるものごとも、汚部屋では思考もぐちゃぐちゃと汚部屋化していく。部屋の状態と頭の中はつながっています。雑念だらけ、他人の意見や情報に振り回され、つい結論をダラダラと先延ばし。そんなわけで、

「ダラダラ考える時間」「行動するまでの時間」もじわじわと奪われていきました。

そして、やりたいことを考えたとしても、ウダウダと言い訳をして、結局実行に移さないことも多数。**考える→ウダウダ→結局なにもしない**と、すべての時間がまるごとムダになることも山のようにありました。

今の私は、人生で最も大切なのは「時間」だと思っています。お金は頑張って働いたり、投資したりすれば増やせるかもしれないし、モノもお金を増やせば手に入ります。友人や知人など、人間関係も今後の努力次第。

けれど「時間」だけは、誰もが1日24時間しかない貴重なもので有限です。失った「時間」は二度と戻ってきません。**与えられた「時間」は平等だけれど、使い方は平等ではない。**この大切な「時間」を、汚部屋暮らしの私はなんと浪費してきたことか！　振り返ると悔やむばかりなのですが、当時の私はこの「時間」を尊ぶ気持ちが、まったくおろそかになっていたのです。

汚部屋で失ったモノ③
お金

失ったモノその③は、**「お金」**です。モノがありすぎかつ整理されていないと、**自分がなにをどのくらい持っているかを把握できないから、ムダな買い物がとにかく多かった**です。

ムダづかいの例はいろいろありますが、まずは洋服や化粧品。冷蔵庫の中身も把握していないので、適当な食材を買ってきては、帰宅して「すでにあった！」ということばかり。結果的に消費期限を切らし、処分することも多かったです。このような経験をされた方、意外と多いのではないでしょうか？　皆さん、仲間ですね。

「安物買いの銭失い」とはよく言われることですが、「でも日用品は腐らないし大丈夫」と思いがちじゃないですか？　私もそうで、ドラッグストアで3割引きの洗剤やトイレットペーパーが売られていたら、「どうせ使うから買っておこう」と、喜び勇んで買っていました。なんなら「私って、賢い主婦じゃない？」なんて思いながら。

しかし、それは大きな間違いだったのです。たとえば、100円の洗剤を3割引きで買うとします。結果として、私はいくら払ったことになるでしょう？　単純な計算だと70円ですよね。でも違うんです。なぜなら**「モノを置く」＝「在庫を持つ」ということは、置き場所の家賃や税金もかかっているから。**モノを置くスペースに対して、賃貸なら家賃が、持ち家なら固定資産税がかかるのです。

もう少し詳しく説明しましょう。たとえば家賃が8万円の家に住んでいるとします。部屋全体に対して、収納スペースが占める割合はどのくらいでしょう。クローゼットやキッチンの収納棚など、1万円分くらい割かれているかもしれません。その中で日用品のストックスペースを考えると……仮に2000円分としましょう。

洗剤のストックを買ったときに「3割引きで30円得をした」と思ったかもしれませんが、**スペース代の2000円がモノにかかっている**のです。収納が少ない部屋に住んでいれば、月々の家賃が2000円安かったかもしれません。それが何年も積み重なっていくと……安さにつられて、使いきれないほどの洗剤やトイレットペーパーをため込んでいる裏で、じつは何十万円も損をしている可能性があるのです。

これが持ち家なら、土地代や建設費、その後の固定資産税にまで影響があります。家を建てるときに「たっぷり収納スペースがある新居」を夢見がちですが、実際にはその結果、在庫スペースのために膨大なお金を支払い続けることになるのです。こうした考え方を、私は整理収納アドバイザー2級の講座を受講したとき（56ページ参照）に初めて理解しました。

この実例、整理収納の相談をするお客さまにお話をすると、皆さん一様に衝撃を受けます。とくに賃貸住まいの方は、本当に簡単に計算ができてしまうので、一度試しにぜひやってみてください。

たいていの方は収納スペースに1万円程度はかかっているものです。でも、着もしない洋服や使いきれない日用品、一度読んだだけで何年も経っている本など、惰性で持ち続けているモノを処分すれば、1万円安い部屋に引っ越せるかもしれない。1年で12万円、2年で24万円。それが5年、10年住むとなると……どれだけの金額になるか、考えるだけでドキッとしませんか。

不要なモノにかかる家賃や税金以外にも、汚部屋暮らしのストレスで、毎日外食したり、飲み歩いたり。**ストレス発散のための浪費で、常に貯金はゼロ。**毎月のカードの支払いが追いつかず、「給料日まで残高80円」だったことも。小学生じゃなく、立派な社会人がですよ？　計画性がなく、日々刹那的に暮らす日々でした。

ブラックな職場だったといいつつも、それなりにお給料はもらっていたはずなのに、いつも「お金がない」と思って生きていました。でも冷静に考えると、お金はあったのです。ただ汚部屋という空間にずぶずぶと吸い取られ、知らないうちに失っていたというのが実感なのです。

汚部屋時代を振り返る

ここまで読んで、「ぴょりって女、ヤバイな」とあきれたことでしょう。本当にひどい生活をしていました。返す言葉もありません。そんな私が当時の自分を振り返って、どんな風に考えていると思いますか。「考えなしで恥ずかしい」「過去の自分を怒りたい」など……と考える方が多いのではないかと思います。

でも私の中にあるいちばん正直な感情は、**「かわいそう」**なんです。当時の私、なんてかわいそうなのだろう。誰かが言っていた言葉ですけれど、「自分の人生を生きていなくて、本当にかわいそう」。

あの頃の私、結構頑張って生きていたのです。子どもの頃に両親が離婚し、母子家庭で育ったので、経済的にもずっと苦しい人生でした。「大学入学」を目標に、必死にアルバイトをしながら学費を稼いで。生活も頭の中もごちゃごちゃだったので、高校も単位の管理ができず留年してしまい、通信制の高校に編入学して、ようやく通信制の大学に入れる学費が貯まったのは21歳のとき。

就職してからも、ストレスまみれで働いて、散財しながら、自分のことを粗末に扱いながら、生きているだけでヘトヘト。本当はなにをしたいか、なにを望んでいるか、どんな暮らしをしたいのか……正面から考える余裕すらありませんでした。

かつての私が「片づけ」を知っていたら。もっと早く、部屋も頭の中も片づけられていたら。片づけを知らない過去の私は、モノに埋もれて自分の可能性に気がつけず、心身の健康を損ない、時間とお金を浪費するばかりで、本当にかわいそうだった。

この本を手に取った方の中にも、長年「片づけたい」と思いながら、「子育てや仕事で忙しくて、エネルギーが残っていない……」という人も多いのではないでしょうか。きっと皆さん精いっぱい毎日を生きて、頑張っているのだと思います。ストレスを解消する気晴らしや楽しみがないと、生きることが大変なのかもしれません。
でもそこで、少し立ち止まってほしいのです。そして「自分の人生、これでいいの?」「本当にやりたかったこと?」と問いかけて、もし「こんなはずじゃなかった」と思うのならば、まずはぜひ「片づけ」に取りかかってほしいのです。

私の人生は片づけに出合い、大きく変わっていきました。変わった様子は家の写真をご覧になっていただきたいのですが、これが元・汚部屋住人の、今現在の暮らしです。**好きなモノに囲まれ、家事の負担を極力減らし、好きな仕事をして、家族4人で毎日機嫌よく暮らしている。**汚部屋時代の私からすると、まるで別世界、異次元に飛ばされたかのようです。

モノを手放すたびに部屋の空気が変わり、生活が変わり、なにより心の中が変わっていきました。片づけには本当に大きな、人生を変える力があります。だからこそ、この本を手に取った方には、素晴らしい人生に変えてほしい。**私がこんな黒歴史を紹介したのも、そんな願いがあるからこそなのです。**

PART 2

雑女「片づけ」と出合う

汚部屋住人、安易な夢を見る

長年汚部屋暮らしをしていた私、今の夫はそんな汚部屋に転がり込んできた彼氏でした。彼自身はモノをほとんど持たない身軽な人で（引っ越しするとき、彼の荷物はほとんどありませんでした）、なぜか汚部屋にも耐性がある（苦笑）貴重な男性。当初は2人とも結婚願望があまりなかったのですが、私が病気になったことをきっかけに入籍し、その後10年近く汚部屋暮らしをともにしました。彼も同じような田舎育ち、人生行き当たりばったり派、整理整頓とは縁のない人生を送ってきた人でした。

そんな夫婦2人が「家を買おう！」と思ったのは、結婚7年目のこと。子どもができず、不妊治療のために通っていたクリニックの検査後にファミリーレストランで食事をしていたとき、ふと窓から住宅展示場が目に入ったのがきっかけでした。

その展示場は、いろいろなハウスメーカーのモデルハウスがずらりと並んでいる場所でした。ピカピカのキッチンに広々としたクローゼット、豊かな暮らしを絵に描いたようなリビングダイニング。最初は「入ってみちゃう〜?」とひやかし半分の軽い気持ちでしたが、キラキラな空間を眺めているうちに、夫婦2人ですっかり舞い上がっておりました。

見てまわっているうちに気がついたのですが、どのモデルハウスでも、営業さんが「この家は収納が充実していて」とか「うちは収納が自慢で」とか、**とにかく収納の素晴らしさをアピールしてくるのです。** きっと多くの人にとって、収納は家選びの重要なポイントなのでしょう。汚部屋暮らしの自覚があった私たち、それらを眺めているうちにふと**「家があれば、すべて片づくじゃん」**とひらめいてしまったのでした。

もちろん、あとから考えると大きな間違い、壮大な勘違いなのですが、舞い上がった状態なのでまともな判断力が失われています。営業さんからすれば、なんとチョロい客だったことでしょう。新しい家、そこにたっぷりとした広い収納さえあれば、今の自分のモノに溢れたごちゃごちゃな人生の問題すべてが、一気に解決するような気になってしまったのです。

田舎住まいなので都心のようなマンションはほとんどなく、周囲の友人夫婦はたいてい家を建てていました。ぼんやりと「いずれ自分たちも」という感覚はあったのですが、なにせ貯金はゼロだし、カードの引き落としが間に合ったり間に合わなかったりの人生だったので、それまで将来を具体的に計画したことなんてありませんでした。

しかし営業さんが「今どき、頭金なんて必要ありませんよ」とか、「旦那さんの収入なら、お1人でもローンを組めますよ」とか、商売上手なのです。胸元に「住宅ローンアドバイザー」のバッジなぞついている人が言うと、思わず信じちゃう。そんなプロが「今の収入ならこんなローンが組めますよ」とすすめてくるならば、「私たちでも大丈夫じゃない？」と思ってしまったのです。

今ならよ〜くわかりますが「ローンを組める」と、実際に「ローンを払う」ことは全然別もの。にもかかわらず、頭が悪くて世間知らず、情弱な私たち夫婦は、言われたまま、そこから素晴らしい人生が始まるような夢を見てしまったのです。そしてあれよあれよと土地を決め、家を建てるコースにまんまとはまってしまいました。

いったんコースにはまると、いろいろな展開が早い、早い。「次はこれを決めてください」「次はこれを」と、決断の連続。そんなスピード展開に振り落とされないことに必死で、**「なんのために家を建てるのか」「そもそもどんな暮らしをしたいのか」という自分への問いかけもなく、**まるでジェットコースターに乗ってしまったかのような状況についていくことに精いっぱいでした。

インスタグラムでカルチャーショック

今では30万人以上の方にフォローしていただいている私のインスタグラムですが、**最初にアカウントを取得したのは家づくりのリサーチが目的**でした。それまで「映え」とは無縁の汚部屋暮らし、世間様に向かって披露したい私生活などなにひとつなかったので、必要を感じていなかったのです。

モデルハウスの営業さんのトークにすっかり乗せられ、あれよあれよと「家建てちゃう?」となったわけですが、家づくりって、床の素材をどうするか、パーツはなにを選ぶかなど、決めなくてはいけないことが膨大にあります。壁のクロスなんて、数cm四方の小さなサンプルを見ても、なにを基準に選べばいいかさっぱりわからない。

そんなわけで「実際に使っている家はどうなんだ?」と、情報収集のためにインスタグラムを見始めました。そこで大大大、カルチャーショックを受けたのです。

「え? モデルハウスじゃなくって、一般人がこんなにきれいな家に住んでいるの?」「シンデレラフィットって?」「なんで収納がこんなにきれいにそろっているの?」。

収納棚にぴったりと収まっているラックたち。それも落ち着いた色のトーンで統一されていて……その収納の扉を閉めると、すっきりモノのない空間が広がっている。部屋全体を眺めても、ごちゃついている要素がひとつもない。すべてのモノが、あるべき場所に収まっていて、パッと見ると不要なモノがない。なんだか……むちゃくちゃ、整っている! 今までの自分の生活圏にないカルチャー、ライフスタイルを垣間見て、「嘘だろ」と大ショックを受けてしまったのです(笑)。

モデルハウスがきれいなのはわかる。芸能人やスタイリスト、インテリアショップの店員とか、その道のプロがきれいな家に住むのもわかる。でも、**こんなにきれいな家に暮らしている「一般人」がいるとは……**その衝撃たるや、今まで知らなかった分、相当なものでした。汚部屋なわが家との落差の凄まじさ。ショックを受けながら、何日も何日も、むさぼるようにいろんな家の投稿を見続けたのです。

次第に見慣れてくると、そのようなポストにはたいてい「丁寧な暮らし」というハッシュタグがついていることに気がつきました（当時、とても流行っていたのです）。丁寧に暮らすなんて、生まれてきて33年間、一度も思ったことなかったですけど？「毎日小掃除」というタグも流行っていて、「毎日掃除？　そんなことできるわけないよ！」と、ツッコミを入れながら眺めていたものです。

そして「いい感じ」の写真を投稿している人たちのプロフィールをチェックすると、ことごとく「整理収納アドバイザー」という肩書が書かれている。「そんな仕事があるんだ」。笑い話のようですが、それまでそういう職業があることすら、まったく知らなかったのです。

「講座を受講して、認定試験を受ければ資格は取れるのか」。頭が悪い私は、ここでも「あ、私もこの『整理収納アドバイザー』なる資格を取得さえすれば、インスタに載っているような、キラキラ主婦になれるんじゃない？」と思いついてしまったのです。

あとから「それまで汚部屋に住んでいたくせに、自分が整理収納アドバイザーになるなんて、ハードルを感じなかったんですか？」と聞かれましたが、ハードルを感じるほど悩みそがなかったというのが正直なところ。

「こんなにたくさんいるから、自分もできるんじゃない？」「この資格を取れば、イケてるシンデレラフィットのやり方が覚えられるのでは？」程度の軽い気持ち。そんなノリで、私は自分の運命を変えた「整理収納アドバイザー2級」の講座を受講することにしたのです。33歳のときでした。

汚部屋住人、「片づけ」を知る

くり返しますが、当時の私は「収納さえあれば、汚部屋は片づく」と考えていました。ごちゃごちゃしたモノも、収納ボックスに入れてしまえばとりあえず隠せる。そして「正しい収納」のテクニックさえ身につければ、今の汚部屋にまつわる問題も、すべて解決できる。そんな「収納テクニック」を教えてくれるのが、「整理収納アドバイザー2級講座」（以下「2級」）だと考えていたのです。

「2級」も現在ではオンライン講座が増えましたが、コロナ禍以前はリアル対面が基本。私が受講したのは長男を妊娠中の時期で、大きなお腹を抱えながら東京まで行き、1日6時間の講座を受けました（今では私も「2級」講師の資格を取得して、リアルでもオンラインでも講座を開講しています）。

この「2級」、午前中は「整理」、午後は「収納」の2つのパートに分かれています。「午後のパートで美しい収納を学べるんだ〜」と思っていた私でしたが、ショックを受け、打ちのめされたのは前半の「整理」のパートのほうでした。

「収納の前に、整理があるなんて!!!!」。そう、今となっては当たり前のことですが、**「収納をする前に、まずはモノの整理をしなくてはいけない」**というのが、当時はあごが外れるほどの衝撃だったのです。

なぜ「整理」を先に行う必要があるのか? それは、「整理」には単なるモノの「いる」「いらない」という取捨選択だけでなく、**「どんなモノに価値を置いているか?」「どんな暮らしをしていきたいか?」という問いかけまで含まれている**からです。その「整理」を行わないと、どんなにきれいな「収納」を行っても、必ずリバウンドをして雑然とした部屋に戻ってしまうのです。その講座では、「整理」によって得られるおもなメリット3つを簡潔に説明していました。

1つ目は「**精神的メリット**」。目に入るモノが整っていると、心も穏やかになる。ものごとの判断が早くなり、気持ちも前向きになれる。2つ目は「**時間的メリット**」。片づいている部屋はモノの出し入れがスムーズ、動線もいいので家事がサクサク進む。3つ目は「**経済的メリット**」。在庫を把握でき、モノの稼働率が上がるからムダづかいをしない。収納に割く家賃や固定資産税をカットできる。

おわかりでしょうか。これらのメリットは、PART1で解説した「汚部屋で失ったモノ」と、まったく裏返し（汚部屋すぎたので、私は精神だけでなく健康も損ないました）。そして「2級」を受講したことで初めて、「自分が失ってきたモノ」「今現在も失い続けているモノ」の大きさに気づくことができたのです。

ヤバイ！　私に必要なのは収納スペースや収納テクニックではなくて、「片づけ」＝「整理収納」のスキルだったんだ……！　講座の前半の衝撃が大きすぎて、その日は後半の「収納」パートはほとんど頭に入りませんでした。

暮らしを変えたいなら
まずは「整理」から学ぶ

整理収納のインパクト、そもそもなにがそんなにすごかったのか。もう少しかみ砕いて書いてみたいと思います。何度もくり返しますが、それまでの私は、**広い家と収納さえあれば、そして収納するテクニックさえあれば、いろいろな問題が解決すると思っていました。**

しかしその「収納」の前に、「いる」「いらない」を分ける「整理」があると気がついたのです。そこにはモノの選択だけではなく、自分が選びたい生き方や価値観、こうなりたいと考える未来を選び取っていく行為が含まれます。

たとえば「来客用の食器はいらない」と決めたら、手放すのは「来客用の食器」というモノだけでなく、「しょっちゅう家にお客さんを呼ぶ」ライフスタイルかもしれないし、「普段使いの食器こそ、来客用にも対応できるちょっとよいものにする」という価値観を選ぶことかもしれない、ということです。

それまでの私、人生に対してかなり受け身な人間でした。与えられた条件の中で、なんとなくやり過ごして、投げられてきた球をただひたすら打ち返して、夢や目標もなく、行き当たりばったりで漂っている人生。

しかし「整理」に向き合い、「いる」「いらない」を分ける行為を続けていくと、「人生は自分の力で獲得していくもの」「つくり上げていくもの」という感覚に変わっていきます。**受け身な人生から、自分で選び、つかみ取っていく主体的な生き方へ。**これって、人生が180度変わってしまうようなインパクトだったのです。

なお、次のページで私がインスタグラムや講座などでよく披露している「暮らしのピラミッド」をご紹介します。「掃除」の前には必ず「整頓」があるし、「整頓」の前には必ず「収納」があるし、「収納」の前には必ず「整理」がある。

床がモノだらけなのにいきなり掃除機をかけるのが不可能なように、**暮らしの整え方には順番があります。**整理を飛ばして収納をしようと思っても無理だし、収納もできていない部屋で、おしゃれなインテリアは不可能。どんな暮らしも土台部分が大事なのです。

土台をしっかり整えていくと暮らしが変わるし、暮らしが変わると人生そのものが変わる。**だからまずは「整理」から始めましょう。**整理すれば収納が決まる。収納が決まると、片づく仕組みができる。仕組みがしっかりした家は掃除がラクになる。逆を言うと、整理をどれだけ頑張れるかが、すべてのカギです。モノの片づけと頭の片づけ、「暮らしを変えたい！」ならば、ぜひその点を意識してほしいのです。

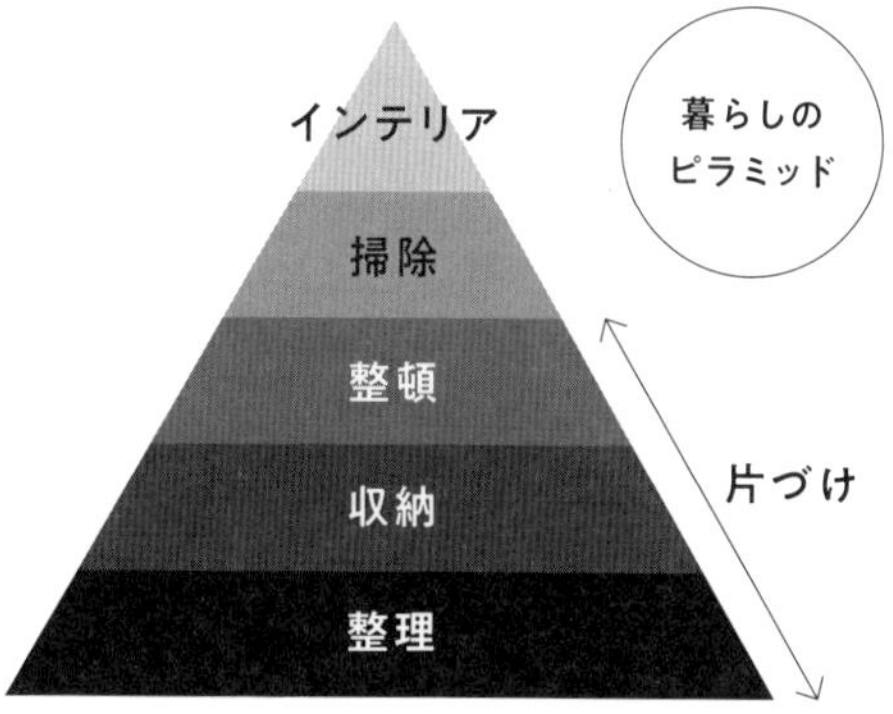

マイホームの契約、白紙撤回

「2級」の講座を受講したのは家の契約間近、「あとは判を押すだけ」が数日後に迫ったタイミングでした。しかし「2級」大ショックを経験した私は、「このまま突っ走っては一生後悔する！」と、不動産屋さん＆ハウスメーカーさんに平謝りし、**進んでいた計画を白紙撤回**しました。

そもそもその家は、住宅展示場でいちばん営業トークが上手かったハウスメーカーさんに言われるがまま、買う方向で進んでいったもの。正直いって、私たち夫婦は無知もあってかなり受け身でした。

しかし「2級」を受講したことを境に、「家や人生も、自らの意思で選ぶもの」ということに気づかされたのです。「たった1回の講座ですごい威力ですね」と驚かれるのですが、本当にとてつもない影響力でした。

「本当の私はどんな家に住みたい？」「どんな暮らしをしたい？」を必死に考えました。「2級」に行けば、私も「丁寧な暮らし」の仲間入りができると思っていました。

でも本当にそれがしたいこと？　朝から白湯を飲んだり、毎日こまめに掃除をしたり、部屋に花を飾ったり……**それって、本当に本当に私のしたいこと？**

いろいろ真剣に考えてみたら、「やっぱ普通に無理！！」と思いました。だってそんなこと、やりたかったらとっくにやっているはず。やれないし、やりたくもない。

33年間つき合ってきた自分の性格を変えるのは絶対に無理。

しかし、「汚部屋を脱出したい」という気持ちは本当でした。身動きのとれない負のスパイラルから脱出して、もっとラクに、機嫌よく生きていきたい。そうだ、**私は「雑でも小ぎれいな暮らし」をしたいんだ！**

そんな風に、自分の目指したい場所が少しずつ明確になっていったのでした。

マイホーム見直し後、浮いた2000万円の内訳

そんなわけで「雑でも小ぎれいな暮らし」という実現したい生活スタイルをしっかりと整理し、家の設計をゼロからやり直しました。その結果が、冒頭にも書いた**「整理収納で2000万円の節約」**。その内訳をよく聞かれるのでまとめます。

まずは**部屋を狭くして、収納を徹底的に減らしました。**当初の予定では家が50坪の予定でしたが、30坪に減少。合わせて「そんなに広い必要なし」と、土地も120坪から80坪へサイズダウンしました。

間取りとしては、まずはサンルームをなくしました。看護師時代は夜勤も多く、洗濯物を干しっぱなしにできるサンルームに憧れがあったのです。けれども、「ドラム

式洗濯機に変えて、干す手間そのものを減らせばいいんじゃない?」という結論に。

クローゼットも当初はウォークインタイプを計画していましたが、「なんでウォークインにしたいんだっけ?」と、我に返りました。動線が長くなるし、掃除も大変だしと、コンパクトなファミリークローゼットに変更。同じ理由でウォークインパントリーも「いらんだろ」と、一般的なパントリーにしました。

田舎の家はリビングの横に和室を配置する間取りが多く、「客間にしたり、部屋干ししたりするときに便利」と言われてついつけていたのですが、そもそも客は来ないし、部屋干しも乾燥機があるから必要なしとばっさりカット。寝室の隣に設けていた私の書斎も、家の中心に位置を変え、ぐぐっとリイズをコンパクトに。

そんな風にあらゆるスペースを削りまくって、間取りは4LDKから3LDKに。これでも用途的には十分でした。家を新築するときに減額というと、予算が合わなくて泣く泣く削るといったネガティブなイメージを抱きがちですが、自分としては「こんなにポジティブな減額あるか!」と、大いに胸を張りたい気持ちです。

整理収納と出合った物理的メリット

よく「引っ越し前に整理収納と出合って、よかったことはなんですか？」と尋ねられます。山ほどありすぎですが（苦笑）、思いついたことから記していきます。

お金の面でいうと、浮いた2000万円以外にも、**汚部屋から新居までの引っ越し費用がゼロになりました。**当初は業者にお願いをして20万円程度かかる予定でしたが、モノが減ったことによって自力で運べ、さらには時間も短縮できました。

またお金が浮いた分、**床暖房や床冷房などの性能面に課金**できました。以前の部屋は湿気がひどく、その対処に四苦八苦していましたが、性能面を整えたことで解決。ベッドフレーム、すのこ、除湿器、こたつ、エアコンなどをどどっと処分。

2人の子どもを片づいた家で育てられたのもよかった。あんな汚部屋で育てていたら、恐らくホコリやダニのアレルギーになっていたと思います（苦笑）。どこを触っても危ないところがないので安心ですし、整理された空間で育つと、**1歳児でも片づけができる！** これは驚きでした。

また私自身も**片づけが一大イベントではなくなりました。**それまでは掃除や片づけって、本当に気合いを入れないとできなかったけれど、ちょこちょこやれば整うようになった。今なら「毎日小掃除」の意味がわかります。

家と同じく思考も整理されたからか、第1子の妊娠中に、なんと**8つも資格が取れてしまった。**さらには貯金ゼロで家を建てたほどの金欠人間だったのに、**約5年で資産1000万円を達成。**余計な消費や住宅ローンが減って浮いたお金を投資へ回し、寝ている間にお金に働いてもらうフェーズに。まさに整理で家だけでなく、人生そのものが変わっていったのです。

整理収納と出合った精神的メリット

汚部屋暮らしをしているときは、とにかくネガティブだったとお伝えしました。たとえば「好きを仕事にしている人」や「充実した生活をしているママ」は、芸能人やアイドルと同じように、私とは別世界の住人という感覚で生きていました。もちろん、SNSのインフルエンサーなども同様です。

私は雑な女だし、だらだらお酒を飲みながら、適当に仕事をして、適当に気晴らしして、このまま汚部屋で暮らしていく。「まあ私の人生なんて、こんなものよね」と。やる気ゼロ、後ろ向きマインド。あきらめというか、うっすらとした倦怠感のような感覚に包まれて生きてきたのです。

ところが整理収納と出合ってしまったら、どうでしょう。自らもアドバイザーの仕事を始める、自分が教えたり発信したりする側になる、こうして本まで出せてしまう……と、あまりにも劇的に人生が変わり始めたので、**「人間いつからでも、なんでもできるよね」**という前向きマインドにすっかり書き換えられていきました。

じつは私、出産前は育児に対しても、ものすご〜くネガティブなイメージをもっていたのです。子どもが生まれたら自分の時間なんてまったくなくなるし、好きなこともできなくなる。きっと社会との接点もなくなるに違いない……と、妊娠中はどっぷりマタニティブルーに襲われていました。

ところがいざフタを開けてみたらびっくり。もちろん育児は大変でラクではないけれど、つくろうと思えば時間はつくれるし、学びたいことを学べるし、片づけの素晴らしさをさまざまな手段で伝えることで社会にも貢献できている。そんな自分になれていたことに、我がことながらにびっくりです。

よく「片づけると運が味方する」と言いますが、モノの「いる」「いらない」の決断力がつくとほかの分野でも決断力が増し、**転がっているチャンスを逃さなくなります。**また、ものごとは続けていないと成功しないですよね。そして「片づけにも継続力が必要で、片づけを続けるうちに自然と身につきます。そして「片づけられた！」という**小さな成功体験を積み重ねると、自己肯定感が上がる。**

最近は自己肯定感とともに「自己効力感」（自分ならできる、きっとうまくいくと、自分の可能性を信じる力）も大事なんて言われていますが、片づけを続けていると、2つとも確実に上がっていきます。

かつて「人生こんなものでしょ」とやる前からあきらめていた私が、「もっとできるかも」「あの人にできるのなら、私にも」と、未来志向になりました。

未来に明るいイメージをもてると、生きるのがこんなに楽しくなるなんて。汚部屋時代には想像できないことでした。**片づけは、準備もいらない、好きなタイミングでできる、今すぐただで始められる。**人生変えるのに、こんなにいいことはないと思うのです。

PART 3

怒濤の「捨て活」ロード

雑でも小ぎれいに暮らしたいなら「まず捨てろ」

整理の大切さに目覚めた私がまず始めたのが、**捨て活**でした。「まずは捨てろ。話はそれからだ」。これは、整理収納の相談をしてくる友人の前で私がよく言うセリフです。整理収納アドバイザーや片づけのプロにはさまざまな考えの人がいて、中には「捨てなくてもいいですよ」「迷うモノは取っておいて」と言う人もいます。そういう考えが、目指す生活にフィットする方もいるでしょう。

けれども私のように**性格が雑でどうしても片づけられない、だけど「小ぎれいな暮らしがしたい」と考えている人は、まずは捨てるしかありません。**

捨てて、手放して、モノの量を減らすしかない。この大前提を絶対に間違えないでほしいのです。

「整理収納」を学び、モノの整理の前にはどのような暮らしがしたいのかを考える必要があると気がついた私。**「汚部屋を脱出する」、そして「雑でも小ぎれいな暮らし」がしたい。**新居の目標が明確になっていきましたが、そこへたどり着く手前にあったのは、「とにかく捨てて、捨てて、捨てなければ」という決意でした。

なぜ捨てなくてはいけないいか。それは、**雑な人はモノの管理把握ができない**から。山ほどあるモノを分類し、優先順位や使用頻度を考え、適切な置き場所を考える。そんな神業ができるなら、そもそも汚部屋になんてならないのです。人には持てる量のキャパシティがあって、そのキャパは人によってそれぞれ違います。訓練によって増やすこともできますが、雑な人や片づけられない人はそもそものキャパが基本的に小さいことが多いのです。

たとえば服を何枚持っているか、冷蔵庫にどんな食材が残っているのかを覚えられない。その結果、シーズンを通して袖を通さない服が何枚も出てくるし、食材をムダにする。雑な人でも管理できる量まで、徹底的に減らさないといけないのです。

そして、**雑な人はモノを持っていても使いこなせていないことが多い**です。私の例でいうと、調理家電。ボタンを押すだけの電気調理鍋や焼き立てパンが食べられるホームベーカリーを「便利そう」と期待して買ったものの、数回使っただけでお蔵入り。ほかにも健康器具や多すぎる食器、整理グッズなどもそのような運命をたどりがちです。「かわいい」「着回しができそう」と買った洋服が、一度袖を通しただけでタンスのこやしになったことが何度もありました。稼働率100%とはいかなくても、「使わないモノ」を限りなくゼロに近づけ、本当に必要で自分にとって心地いいモノの量を目指したいものです。

さらに雑な人は掃除ができない。**モノが多ければ多いほど、掃除の負担は増えます。**なぜならモノが多いとそれだけ段差や隙間が生まれるから。そこにホコリや湿気がたまっていくのです。そのような隅々細かなところまで、雑な人が掃除をできますか？　答えは否。「たまには」すると思いますが、「マメには」できません。
とにかくモノが少なければ掃除も格段にラク。これ、真理です。床にモノがなければロボット掃除機が勝手にきれいにしてくれます。この家でその恩恵を初めて享受したのですが、本当にラクですよ。なので、まずはモノを減らしましょう。

営業さんの口車に乗ってうっかり家を建てることになったものの、当初の計画を全撤回白紙にして、家の設計をゼロからやり直した私たち夫婦。「今までのような大損している人生はもう止めたい！」と、新しい家は収納を最小限に、ムダを削りに削りまくったプランに改めました。

「2級」を受講してから引っ越しまで、タイムリミットは7か月（1か月は出産でお休み）。「家のサイズを落とし、収納を減らしたからには、モノを減らすしかない！」と追い込まれ、怒濤の「捨て活」が始まったのです。

捨て活には「客観的な目標」が必要

私が捨て活を始めた頃、すでに「一日一捨」という言葉がありました。それでもよかったのですが、「一捨」って判断があいまいですよね。たとえば、「裁縫箱を捨てる」のは、中身を1つずつカウントするのか、それとも箱全体で1つとするのか。自分なりに決めればいいのですが、なんとなくすっきりしない。

別のやり方がいいなと思いついたのが、**「100kg捨て活チャレンジ」**。当時持っていた体重計をあまり使っておらず、「捨てる前にひと働きさせるか」と、捨てるゴミの重さを量り始めたのです。皿3枚で600g、Tシャツ4枚で800g……といった具合に進めていき、これが結構楽しかった(笑)。最初は100kgが目標でしたが、**最終的には400kgまで到達。** 400kgって。我ながら、すごい量です。

当初は「目標があったほうが続くかな」程度の考えでしたが、今は確実に**「捨て活には目標が必要」**と確信しています。というのも、目標がないということは、自動車のナビで目的地を設定していないのと同じでふらふらしてしまう。自分を動かすためには目標を設定すべし。それも主観的な目標ではなく、**客観的な目標**です。

主観的な目標、たとえば「捨て活を頑張る」だと、なにをもって「頑張る」とするのか、判断があいまいです。「私頑張っていると思う」「いや、頑張っていない?」と、その判断は解釈次第でまちまち。けれど客観的な目標は、たとえば「今週10kg捨てる」に対して、「3kg捨てたから目標達成率は30%」と、具体的な結果がわかります。

よく元旦に「今年は部屋をきれいにしよう」とか、「子どもを怒らないよう心がける」と目標を立てますよね。でも「きれいってなに?」という話です。なにをもって「きれい」と判断するのか。また「心がける」って、なんとなく努力したような気がするけれど、現実はなにも変わらない……ということ、ありがちではないですか?

今までさんざん「主観」で生きてきたから汚部屋暮らしなわけで、そこから脱出するにはきっぱりと「客観」を入れたほうがいい。そして**期限を設ける。**私は引っ越しというリミットがあったので捨て活にドライブがかかりましたが、「いつまで」がないと、「客観的な目標」がないのと同じで、人間は前に進まないものです。

「重さ」で量る目標設定は、数字が目に見えてわかるので、私には有効な手段でした。しかし体重計を持っていない人もいるでしょうし、誰にでも使える目標ではないかもしれません。

そのような方には**「モノの個数を決めること」**が効果的です。洋服の捨て活でおすすめする方法で、アウターは3枚、ブラウスは2枚、パンツは4本といった具合に、定数を決める。また買いたした服に合わせて、ハンガーもどんどん増やしがちですが、**ハンガーの数も最初から固定したほうがいい。**そうして「1枚増えたら、1枚捨てる」方式を採用すると、管理がものすごくラクチンです。

それから基本的ですが**「スペースを決める」**というのも目標設定として有効です。「ニットはこの引き出しに入るだけ」「本は本棚に収まるだけ」といった具合に決め、そこからはみ出るモノは、すべて潔く手放すのです。

私の引っ越しのように、ぐぐっとモノを減らす捨て活期には、**「とりあえず半分」作戦**もいいと思います。カテゴリーごとにモノを全部取り出して、とりあえず数を半分に減らしていく。服を30着持っていたら15着に減らす。「数」という明確な縛りがあることで、成果が必ず現れるはずです。

片づけようと思っていても挫折する人は、客観的な目標設定ができていない場合がほとんど。「今度こそ自分の人生を変えたい」という気持ちで「捨て活」を始めようと思っている人は、まずは客観的な目標をしっかり設定することが大切です。

捨て活仲間をつくろう

いざ捨て活を始めてみるも、「今週は忙しいから無理」「予定が詰まっていて」など、サボりグセが出てしまうのが人というもの。実際私もグータラ人間なので、ついつい「今日はもういいか……」と怠けようとしていました。

そんな人間におすすめの方法が、**SNSなどで「捨て活仲間」をつくること。**

当時の私はエックス（旧ツイッター）にて、「100kg捨て活チャレンジ」的なハッシュタグをつくり、毎日捨てる様子を「写真」「重さ」とともにアップしていました。

しばらく続けていると、「いいね」を押してくれたり、「見てますよ〜」と声をかけてくれたり、「私も一緒に捨てます！」と同じタグをつけて捨てる人が現れたりと、どんどん仲間が増えていったのです。これにはびっくり。

汚部屋で1人孤独にゴム手袋をはめて片づけていても誰も褒めてくれないのに、SNSに今日の成果をアップするだけで、誰かしら反応して「いいね」と共感してくれる。「へえ〜、こんなことに注目してくれるんだ」と新鮮な驚きでした。

見てくれる人がいるからには、サボるわけにはいかない。実際に「今日はちょっと忙しいからいいか……」なんて思っていた日に、「今日は捨てないのですか」とコメントがつき、慌てて捨てるモノを探してアップしたこともありました。

続けるうちに段々わかってきたのですが、人って自分との約束には甘くなるものです。「片づけるぞ」「勉強するぞ」と自分に宣言しても、なかなか約束は守れない。けれど不思議なことに、**他人との約束は守ろうとする**のです。皆さんもそうじゃないですか？　なので片づけも他人との約束にしちゃえばいいのです。SNSで宣言することは、自分ごとだけではなくなっていく。だから「自分は意思が弱い」と自覚がある人こそ、「捨て活仲間」をつくることをおすすめします。

怒濤の捨て活ロード

それでは、私が実際に約7か月間かけて行った「捨て活ロード」の様子を紹介します。捨てるごとに「今まで捨てられなかった理由」を自分なりに解釈し、そして手放すことでどのようなメリットがあったのか。きっと同じような理由で「捨てられない」と感じている方も多いと思いますが、でもその気持ちを整理して、エイッと手放してみる。そんな捨て活の参考になれたらうれしいです。

●捨て活ロード1か月目　ノート・書類

捨て活の始まりは、**大学や看護学校時代のノート類**でした。大学も看護学校も一生懸命アルバイトをしながら通い、勉強してきました。そのノート類を捨てることは、当時の自分の頑張った証を捨てるような気がして、ずいぶん悩みました。ページをめくると「本当によくやったな、私」と、思い出がよみがえってきます。

しかし、「2級」で習った住宅ローンや固定資産税がドドーンと頭にチラついてくる。**「頑張った」という自己肯定感や得た知識は自分の内側にあるわけで、ノートの中にあるわけではない。**そんな風に自分を納得させて、手放していきました。ちなみに大学の卒論はやっぱり手放しがたく、「これは捨てない」と決心。今でも大切に手元に残しています。

どっさりたまっていたノートや書類を処分したら、モノに埋もれていた机のまわりがすっきりし始めました。今までは上にあるモノをどかしてスペースを確保していたのに……。そんなわけで、机に向かうのが急に楽しくなりました。その後、私は妊娠中に8個の資格を取得したわけですが、それもこれも、**机の片づけによって「学びたい欲」が活性化された**からだと思っています。

●捨て活ロード2か月目　洋服・靴

次に取りかかったのは**洋服や靴。**このあたりの処分は、かなりネガティブな気持ちが入っていました。というのも、当時私は妊娠中。若い頃はやせていた母親は、出産をきっかけに太ってしまったらしく、「私もきっと体質が遺伝して、手元にある服は着られなくなるのだろう」と考えていたのです。「ヒールのある靴はもう履くことができないはず」「育児で疲れて、おしゃれもままならないに違いない」。そんな後ろ向きな調子で、ばっさばっさと処分していきました。

けれどもやはり、服を手放せない皆さんと同じように葛藤はありました。「この服、高かったのに」「やせたら着られるかもしれない」「ちょっとしたパーティによさそう」などなど。「ちょっとしたパーティ」なんか行く生活してないのに（笑）！

いろいろな言い訳が頭を埋め尽くしていましたが、とりあえず洋服をクローゼットから出したり、ハンガーラックから下ろしたりしていました。そのとき「あれ？」と思ったのです。「私の部屋……こんなに広かったっけ？」。

いやいや、当時の部屋は6畳程度で、決して広くない。けれど、クローゼットから流れ出たり、ハンガーラックにパンパンになっていたりした洋服を別の場所に移動しただけで、**部屋の見た目がガラリと変わり始めた**のです。妙にすっきりして清々しい。この「清々しい空気」が、迷う私の背中をぐーっと押してくれました。

結果的に大量の服を処分しましたが、ホントに部屋の景色が変わっていったのです。

●捨て活ロード3か月目　スポーツ用品

次は**スポーツ用品**です。ダイビングやゴルフ、スノーボード関係の道具類。若い頃の私にとって、そういったスポーツが「キラキラした生活」の象徴のような、憧れの存在だったのです。苦学生だったことは書きましたが、それこそ本当に睡眠時間や健康を削ってまで、むちゃくちゃアルバイトをして手に入れたモノでした。「あのウエアを着て雪山に行ったなあ」「ダイビングのゴーグルも、度入りをオーダーメイドして高かった」など、楽しかった思い出や手に入れるまでの苦労が走馬灯のように頭を巡りました。
これらの処分にも「出産したら、遊びに行く時間もなくなるだろうな」という後ろ向きな思いが含まれていました。そしてやはり「2級」が頭にチラつくのです。**「このでかい道具の置き場所のためにお金を払い続けるの？」**と。むちゃくちゃ苦しかったのですが、なんとか手放せました。ご想像通り、スポーツ用品はかさばるし重たいしで、かなり「100kgチャレンジ」が進みました。

するとどうでしょう。今度は景色ばかりか、部屋の空気まで変わってきたのです。今までどよ～んと重たかった空気が、明るく軽やかで、風通しがよくなっていった。**私の気分まで変わっていった**のは、言うまでもありません。

●捨て活ロード4か月目　キッチンまわり

自分の部屋が落ち着いてきたので、いよいよキッチンまわりの片づけを始めました。当時は片づけのセオリーなんてまったく知らないのでこの順番になってしまったのですが、**普通はここから始めるべき**です。というのも、キッチンの片づけは「捨てる」「捨てない」の判断がほかの場所よりラクチン。なぜなら食材には、**「消費期限」という誰にでもわかる判断基準があるから。**いつ買ったか忘れたお好み焼きソース、インスタント食品、缶詰などを迷いなくガンガン捨てていきました。

しかし「迷いなく」と言いつつも、気持ち的には結構ショックが大きかったです。子どもの頃から「食べ物を粗末にしてはダメ」と教わってきたのに、世界にはその日の食事に困る人がいるというのに、私はなんと罰当たりなことをしているんだろうと、心底自分がダメ人間に思えて落ち込みました。けれど捨てるスピードはほかの場所と比べて断トツ早い。その日のうちに、かなりの量を処分できました。

食材以外に、100円ショップで買った食器類も処分。そうしたら「いつか使うかも」と奥にしまっていた引き出物の食器が発掘されました。「来客用に」と思っていたけれど、「特別な日じゃなくても、普段から使えばいいんだ」と気がついて使い始めたらすごく気分がよく、「もっと早く気づけばよかった」と思えたのも収穫です。

●捨て活ロード5か月目　ビデオテープ・医学書

長男の出産で1か月休んだあと、翌月から捨て活を再開しました。この月は大量にあったVHSのビデオテープを処分しました。DVDの時代になって久しく、再生するビデオデッキがすでにないのに、テープが捨てられなかったのです。

親が撮ってくれた子ども時代の映像や、学生時代に海外にホームステイしたときの映像。思い出なのですごく悩み、結局DVDに焼き直して処分しました。オーディオ好きの父がたまたまダビングする機械を持っていたので一式頼み、おかげでものすごくコンパクトになりました。

また1か月目に看護学校時代のノートを処分したと書きましたが、この時点ではまだ医学書は手放せていませんでした。「1冊2万円したし、高かったから」という理由で保留にしていたのです。しかし医学の世界は日進月歩、1年も経てば内容が古くなり、値は落ちています。看護師に復職するとしても、この内容はすでに使えない。そう気がついて、カラーボックス1個分の教科書たちをやっと手放せました。

●捨て活ロード6か月目　本・マンガ

カラーボックスつながりで、**本、マンガ、同人誌**の処分へと移りました。オタクの人なら理解してもらえると思うのですが、二度と手に入らない絶版本や同人誌を手放すのは、本当に苦しいことでした。入手に苦労した本もあるし、買ったときの高揚感といったら！ でもよく考えると、そんな本たちを持っていてもほとんど読み返していないのです。なのに捨てるのがものすごく苦しい。この苦しみをたとえるなら、医療脱毛と似ています（笑）。**「なんでお金を払っているのに、辛い思いをしなくちゃいけないんだ」**と、逆ギレしたくなるような気持ち。「いっそ捨てないほうがラクなのでは」「新居に持って行ってもいいじゃない」。何度もそう思いましたが、「2級」が頭をチラつく。結局、カラーボックス5個プラス段ボール2〜3箱分をサヨナラしました。捨てるとき、恥ずかしかった（笑）。

●捨て活ロード7か月目　ぬいぐるみ・収納グッズ・家具

いよいよ引っ越し前のラストスパート。最後の1か月はかなりの「捨て祭り」です。難関だったのが、**ぬいぐるみ類。**一時クレーンゲームにハマり、家には何十匹もの大量のぬいぐるみがいました。目がついているモノは、声をかけたり抱きしめたりしているうちになにかが宿るような気がして、非常に捨てにくい。ゴミに出すのはしのびないので、リサイクルショップに持ち込みました。大量にあったのに、査定価格は全部で10円。かなりトホホな気分になりました。

ここまで手放すと、大量の収納グッズがからになります。カラーボックスや100円ショップで買った色も形もバラバラな入れ物、大量のハンガー。バッサバッサと捨てていきました。

最後は**家具類**です。高かったソファは知り合いに譲り、新しい家には必要のない全身鏡やドレッサー、ベッドやすのこ、こたつ、食洗機、縦型洗濯機、もの干し竿といった大物たちをどんどん処分していきました。

こうして家の中がスカスカに。モノが少ないので、引っ越し作業も業者に頼むことなく、生まれて3か月の幼子を抱えながらも、自力で終了してしまいました。**400kgもの大量のモノを手放し、私は生まれて初めて、汚部屋を脱出できたのです。**

捨てられない＝決断の先延ばし

以上7か月に及ぶ怒濤の捨て活ロードを紹介しました。モノを捨てれば捨てるほど、手放せば手放すほど心身が軽やかになっていく一方で、「こんなことは、もう二度とやりたくない！」と思うほど、マジで大変でした。

まず物理的に大変。４００kgのモノを手放したわけですから、運ぶだけで重い。大量の書類や教科書、本、同人誌などは、縛って古紙回収に出すだけでも結構な手間です。さらには電化製品や捨て方がわからないモノの処分方法を調べたり、ベッドやすのこなどの粗大ゴミを捨てるための手配だったり。幸い、夫の実家が軽トラを所有していたのでなんとか運べましたが、業者に頼むとなるとお金もかさみます。

もちろんメンタル面も大変でした。思い出を手放すのも辛いし、過去の買い物の失敗を見るのも辛い。食べ物を捨てたときは、自分のだらしない性格をまざまざと自覚させられて、本当に落ち込みました。「なぜ私は片づけられなかったんだろう?」「なぜこんなにも汚部屋になるまで、モノを手放せなかったんだろう?」。振り返ってみると、それらはすべて悪しき「考え方のクセ」から生まれたものでした。

捨てるという行為のベースにあるのは「決断」です。自分の人生や価値観と照らし合わせて、目の前にあるモノを「いるモノ」「いらないモノ」に分け、「いらないモノ」を手放すことを決断する。

つまり「捨てられない」は「決断」の先延ばしなのです。「今日考えるのが面倒だから明日でいいや」と逃げて、ずるずると決断を先延ばし。そんな状態といえるのです。

この**「先延ばしグセ」は片づけだけでなく、人生のあらゆるシーンで邪魔をしてきます。**運をつかむにはタイミングを逃してはいけないし、大切なことを先延ばしにすれば、夢や幸せや目標から遠のいていく。遠のくから余計に現実味がなくなり、あらゆることが投げやりになっていく。

クセといえば**「言い訳グセ」**の悪影響も侮れません。「高かったから」「思い出が詰まっているから」「頑張った証だから」「いつかきっと使うと思ったから」など、言い訳が積み重なった結果が、あの汚部屋でした。そして部屋と同じように、今イチな自分の人生を、「だって仕方がないから」と言い訳してしまうのです。

くり返しますが、部屋の状態と精神状態はつながっています。渦中にいるときはなかなか自覚できませんでしたが、汚部屋を脱出した今になり、ようやくそのことがお腹の底から理解できるようになりました。汚部屋は「先延ばしグセ」「言い訳グセ」がつくり上げたものだったし、それらのクセは汚部屋が増幅させたもの。**もし「片づけられない」「モノが手放せない」と悩んでいるなら、その手前にある、考え方の「クセ」を自覚してほしい**と思うのです。

「執着」はモノと一緒なら捨てられる

山のようにモノを捨てて、わかったことがあります。「執着」や「煩悩」は誰にでもありますが、じゃあ「明日から執着をなくします」「煩悩をなくします」という宣言だけで、人間って変われるでしょうか？　変われないですよね。そんなかけ声だけで変われるならば苦労はしない、とっくに変わっているはず（笑）。

執着や煩悩を捨てるのはむちゃくちゃ難しい。でも**「モノと一緒だから捨てられる」**のです。たとえば数年前に買った細身の洋服は「もう少しやせて、スラリとした自分になりたかった」という思いが乗っているからなかなか捨てられない。押し入れに詰めた思い出の品も「あのとき楽しかった」という過去に囚われているから手放せない。

しかし不思議ですが「モノを捨てる」という具体的な行動があると、それらモノにまつわる思い出やなりたかった自分、叶わなかった思いなどが、自然な形でリリースできるのです。これは自分でも驚いた、新しい発見でした。

捨てる行為自体は、ものすご〜く辛いのです。無意識だった執着や煩悩の存在を自覚させられるし、身を削るようにしてそれらを手放さなくてはいけないので、心がぐしゃっと痛む。しかし「私はこういう執着や煩悩をもっていたんだ」と自覚し、手放すと……あら不思議。それらの思いが、いつのまにか成仏しているのです。

過去の冴えない、ダメな自分から脱却したいとき、「執着だらけのモノを手放す」という手段はすごく有効です。不必要なモノをひたすらに捨てると、ぽっかり空いた空間に「新しい自分」への可能性が生まれてくるのです。

「捨てられない」人こそ変われる

モノを捨てることは本当に苦しかったし、辛かった。自分はもう、二度とあんな「捨て活ロード」のような思いをしたくありません。コリゴリです。なので汚部屋を脱出できた今現在は、これ以上モノを増やしたくないので、**買い物をするときにものすごく慎重になりました。**

極端な話、買う段階ですでに**「手放すとしたらいつか」**（耐用年数は何年ほどか）を考えるし、**「どのような方法で手放すか」**（ゴミとして捨てるのか、その場合は無料で捨てられるモノなのか、有料か。リサイクルに回せるか、フリマサイトなどで売ることができるかなど）までを考えて、家に迎え入れるようにしています。

捨て活ロードでも書きましたが、処分方法がわからないものが結構あり、それを調べるのにもひと苦労でした。なので「処分するのがやっかいだな」と思うものは、極力家に入れないようにしています。

増えがちなアイテムといえば、たとえば子どものおもちゃ。わが家は「おもちゃのサブスクリプション」を利用しています。定期的に月齢に合わせたおもちゃが届き、時期が来たら返送する。子どもも新しいおもちゃが来るので喜ぶし、飽きてゴミ化する前に手放せる。「いつか返すモノだからね」と話せば、子どももちゃんと理解できますし、子ども部屋もパンパンにならず、おもちゃを処分する手間も省けます。

モノは手に入れるときにお金がかかり、持っているだけでもお金（家賃や固定資産税）がかかり、手放すときにもお金がかかる。そう考える習慣がつくと、本当に必要なモノしか家の敷居をまたがせたくない。衝動買いはなくなり、長く大切に使えるものをじっくり選ぶように。買い物の失敗が減り、ムダづかいもなくなりました。
ちなみに今は、世間の流行もまったく気にならないです。以前は「これって時代遅れ……？」と感じたら、新しく買わなきゃいけないような気がして、しょっちゅうモヤモヤしていました。しかし、**しょせん「流行」なんてものは他人軸。自分の「好き」に流行りすたりは関係なし。**自分軸のモノ選びが習慣になれば、経済的にも精神的にもラクになるのです。

さらには「これは今の自分に必要？」と、**手持ちのモノをこまめに点検し、そのつど手放す**ようにもなりました。「まとめて処分する」と重労働だし取りかかるのがおっくうですが、日々少しずつ見直している今は、処分するとしても量は多くなく、手間もそれほどかかりません。不用品をこまめに手放すと、家にあるモノは本当に好きなモノ、必要なモノだけになるので、居心地がとてもいい。

そんな風に変われた自分を振り返ると、「ひたすらに捨てた辛かった思いも、ムダではなかったのかな」と思えます。「二度と汚部屋にしたくない」という強い思いが、リバウンドを防いでくれているのです。だからもし今**「モノを手放すのが辛い」「捨てられない」と感じている人がいるならば、「そういう自分だからこそ、変われる可能性がある」とポジティブに考えてほしい**のです。

たとえばどんなに捨て活をしたとしても、手放すことに罪悪感や後ろめたさをまったく覚えない人なら、また同じようにムダなモノを買い込み、ため込む生活に戻ってしまうだけ。きっとリバウンドすることでしょう。

でも、モノを捨てることに痛みを感じる人であるならば、「あんなことはもうしたくない」と思えるはず。その痛みこそがチャンスです。「二度とムダな買い物をしない、モノを粗末に扱わない」。そんな自分に変われるチャンスになるのだと思います。

PART 4

「雑でも小ぎれい」な暮らし方

“雑”を救う収納格言 5

ここからは、怒濤の捨て活を経て完成した
“雑でも小ぎれい”を叶えたわが家を紹介します。
まずは、雑な私が大切にしている収納格言から！

1　片づけも掃除も驚くほどラクに

浮かせる収納はズボラを救う

床になにも置かなければ、モノを移動する必要がなくなり掃除がラクに。現代はロボット掃除機という強い味方がいます。極力収納は浮かせ、掃除の手間をカットすべし。空いた時間は、気持ちの整理に回しましょう。

2　本当は汚くてごめんなさい！

片づいた“風”に見えればOK!!

空間すべてを整える必要はなし。扉を閉めれば見えなくなる場所は、ざっくりした収納でも問題ありません。フタつきのボックスやロールスクリーンなど、導入するだけで「片づいた風」に見えるアイテムを積極的に活用して、片づけの労力を減らして。

3 もう面倒とは言わせない！

片づけアクションはとにかく減らせ！

「引き出しの中にさらにフタがある」「洋服はきちんとたたんでしまう」など、収納までに手間がかかるモノやルールは避けて。投げ入れOKなカゴやざっくり区分けできるボックスなど、雑な性格こそ収納グッズ選びは慎重に。

4 雑こそ基本に忠実に

動線収納が未来を変える

毎日のちょっとした動線を冷静に観察し、モノの配置を考えて。コンロの下にフライパンを置くなど、基本に従うことが大切です。たかが１歩、されど１歩。積み重なればおっくうになるので、徹底的に歩数を減らす工夫を。

5 どうせ管理できないでしょ？

収納スペースは最小限に。

収納する場所があればあるだけ、モノを詰めたくなるのが人というもの。その結果、モノが増え続け、管理できずに泣くこと必至。「雑な人は管理能力がない」と自覚し、収納スペースは可能な限りコンパクトに。

初公開

雑女・ぴより家の間取り図

徹底的にムダを省くことで2000万円の節約に成功し、
完成したわが家の間取りがこちら。
ずっと家にいたくなる、大好きな空間になりました！

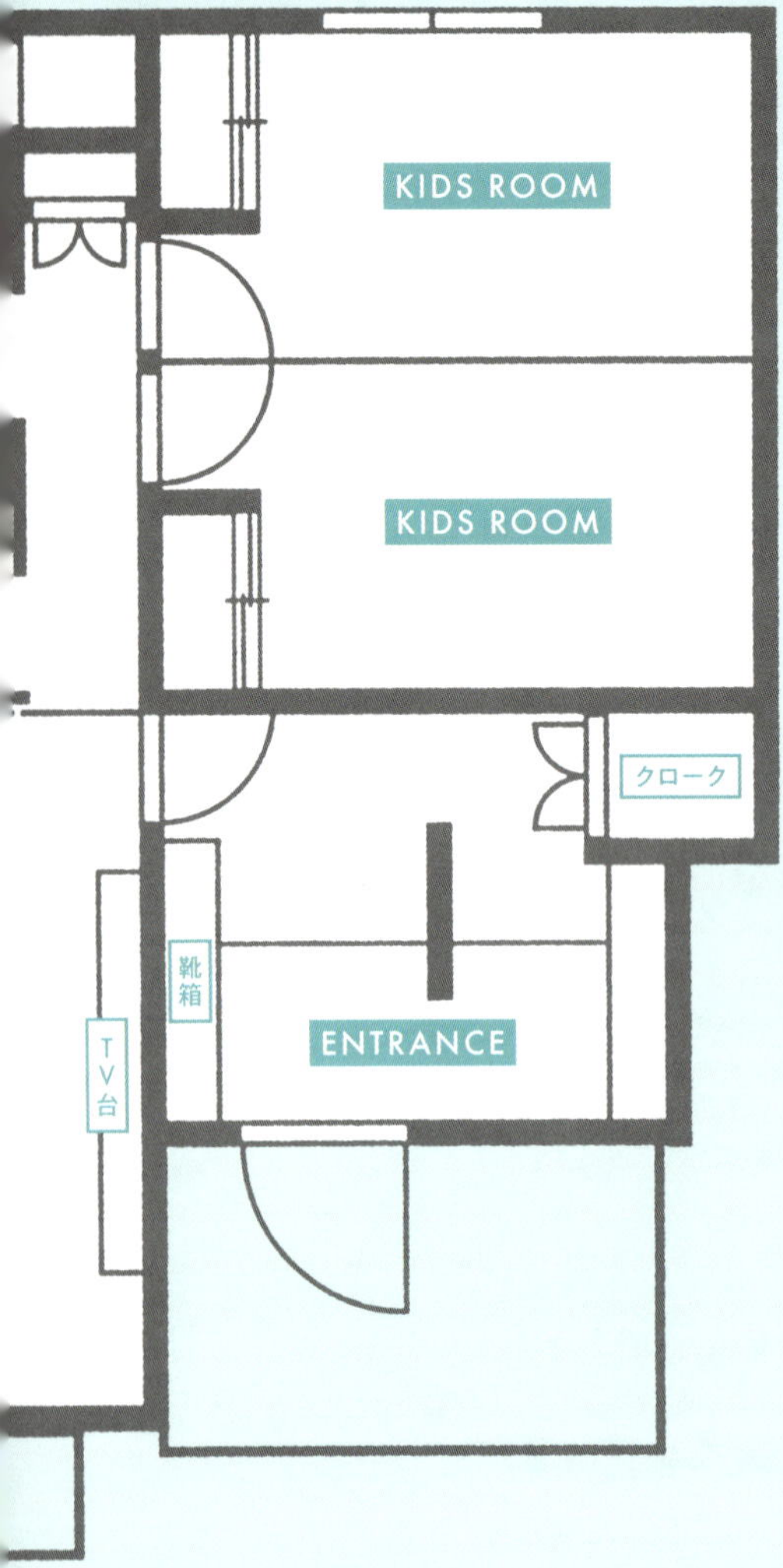

雑な性格でも暮らしやすさが叶う

50坪4LDKだった予定を、余分な空間や収納場所を減らし、30坪3LDKまで削減。LDKの広々とした解放感を優先し、寝室や書斎はコンパクトに。動線にもこだわり、最小限の労力で暮らしやすさが叶う家が完成。

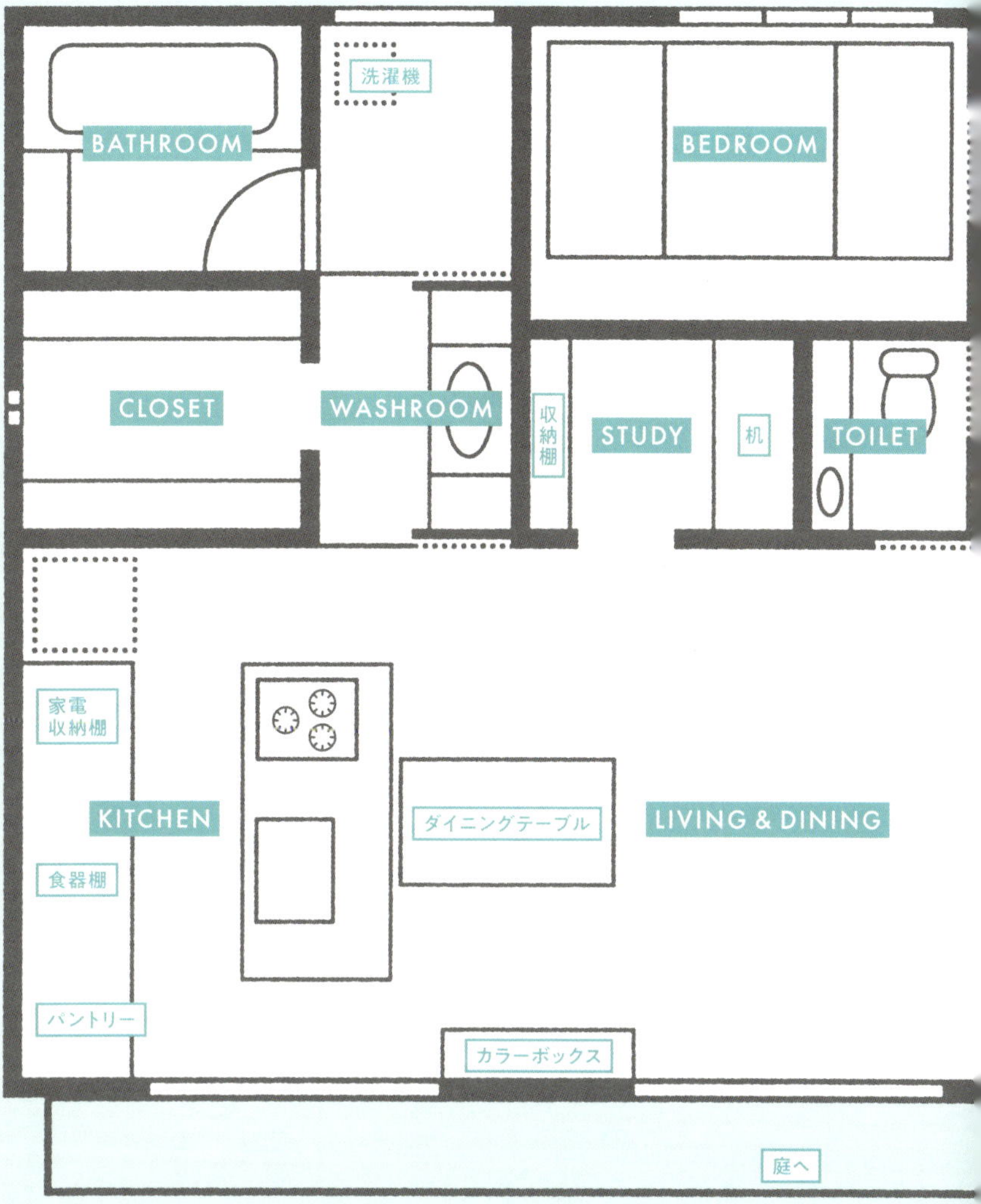
洗濯機
BATHROOM
BEDROOM
CLOSET
WASHROOM
収納棚
STUDY
机
TOILET
家電収納棚
KITCHEN
ダイニングテーブル
LIVING & DINING
食器棚
パントリー
カラーボックス
庭へ

PYORI'S METHOD

モノが増えるリビングこそ収納は最低限に

家族がくつろぐ場所であるリビング。皆が集まるからこそ、いろいろなモノがたまりやすい危険な場所ともいえます。

汚部屋暮らしを経験した私は「収納スペースはゴミ製造機」と肝に銘じ、リビングにはあえて大がかりな収納を設けませんでした。広い家ではないので、大きな収納による圧迫感を避け、解放感を優先させたという意図もあります。

この広々とした空間と、お気に入りのブルーの壁を眺めるたびに、「片づけに出合ってよかった！」と実感しています。

& DINING

基本の収納は
3か所だけ

リビングの収納はTVボードとカラーボックス、そしてキッチンカウンターの造りつけの引き出しの3か所のみ。モノを減らすため、「収納は最小限」を意識しました。

1

2

3

リビング・ダイニング

LIVING

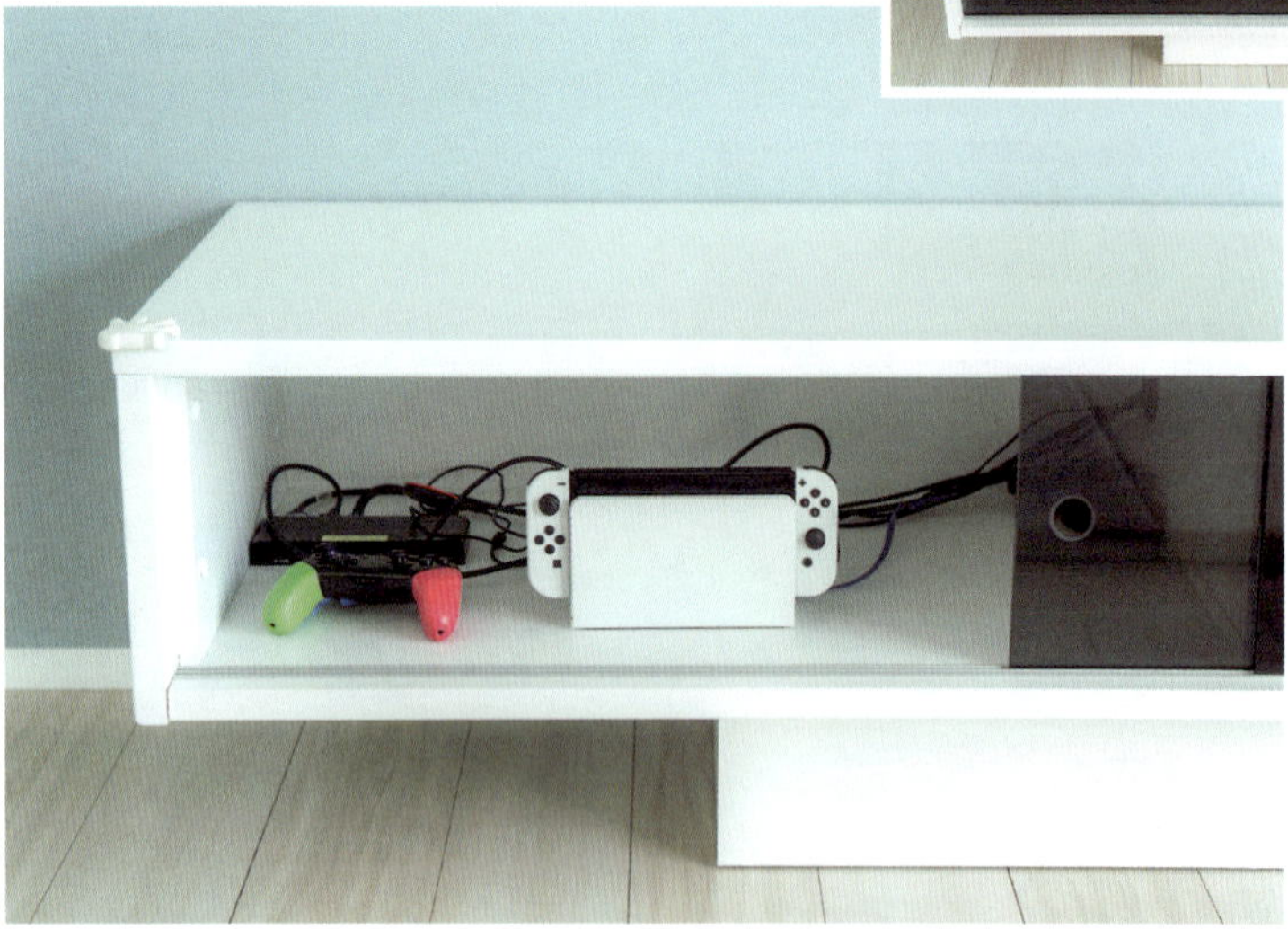

リビング・ダイニング

TV台

あえて小さめの収納にして使うモノだけを管理

TV台を大きくする選択肢もありましたが、圧迫感が出るし、モノも増えるので却下。TVは壁かけのタイプを選ぶことで、奥行きも20㎝ほどカットできました。中にはゲーム、DVD類など、TVまわりで使うモノだけをイン。

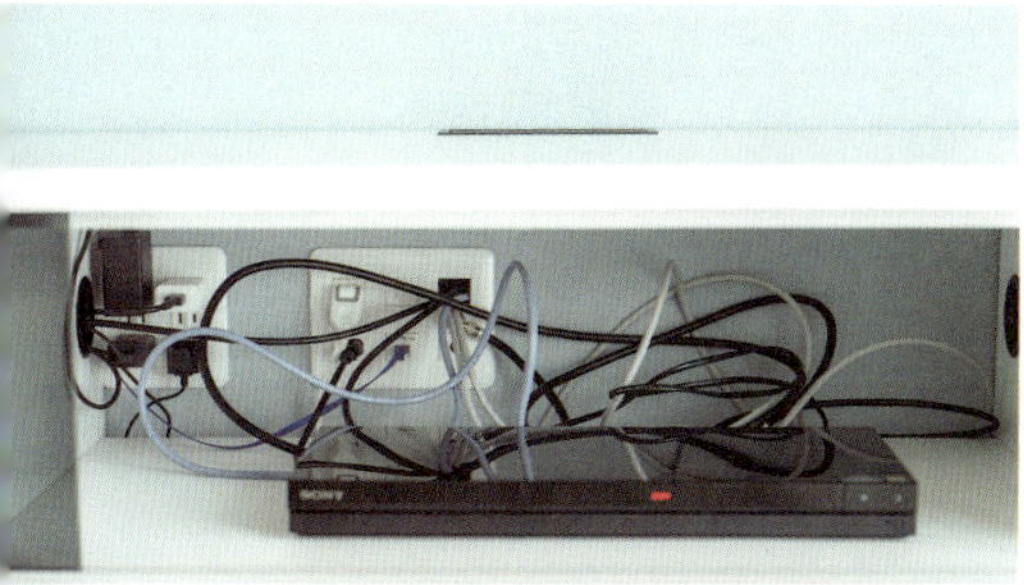

配線コードは隠せばOK

配線まわりの掃除は、汚部屋時代に何度泣いたことか。ホコリがたまりやすい、しかし掃除は面倒。コード類は隠す一択で、ホコリをシャットアウト。見た目もすっきりして一石二鳥です。

TV台の上にはなにも置かない

なにかとモノを置きがちなTV台ですが、ぐぐーっと強い意志をもって「置かない」ことを徹底。ここに余白を持たせるだけで、部屋の空気が、印象が、かなり変わります。

リビング・ダイニング

↓ カラーボックス

見せる収納と隠す収納をコラボ

来客があるリビングは、可能なら中が見えないクローズド収納にしてすっきり見せたいところ。しかし、子どもたちはまだまだこの場所で過ごす時間が長いので、子どものモノは一部オープンに。自分たちで片づけられるように工夫しています。

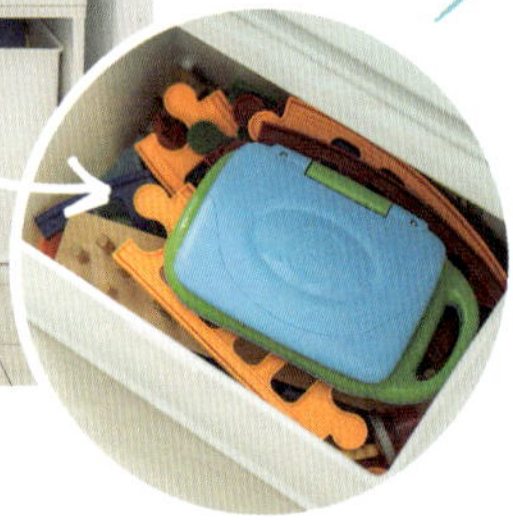

中はごちゃ

見える場所の充電コードはすっきり

子ども用のタブレットや家族のスマホなど、充電すべきモノがいっぱい。そのままだとコード類が大変なことに。充電スタンドにコードをまとめて隠し、脱・コードカオスな状態！

リビングのおもちゃは隠す収納に

形がバラバラでカラフルな色が目立つおもちゃは、リビングでは隠します。ただ幼児でも片づけができるように、引き出しにポンと入れればOKのざっくり収納に。

LIVING & DINING

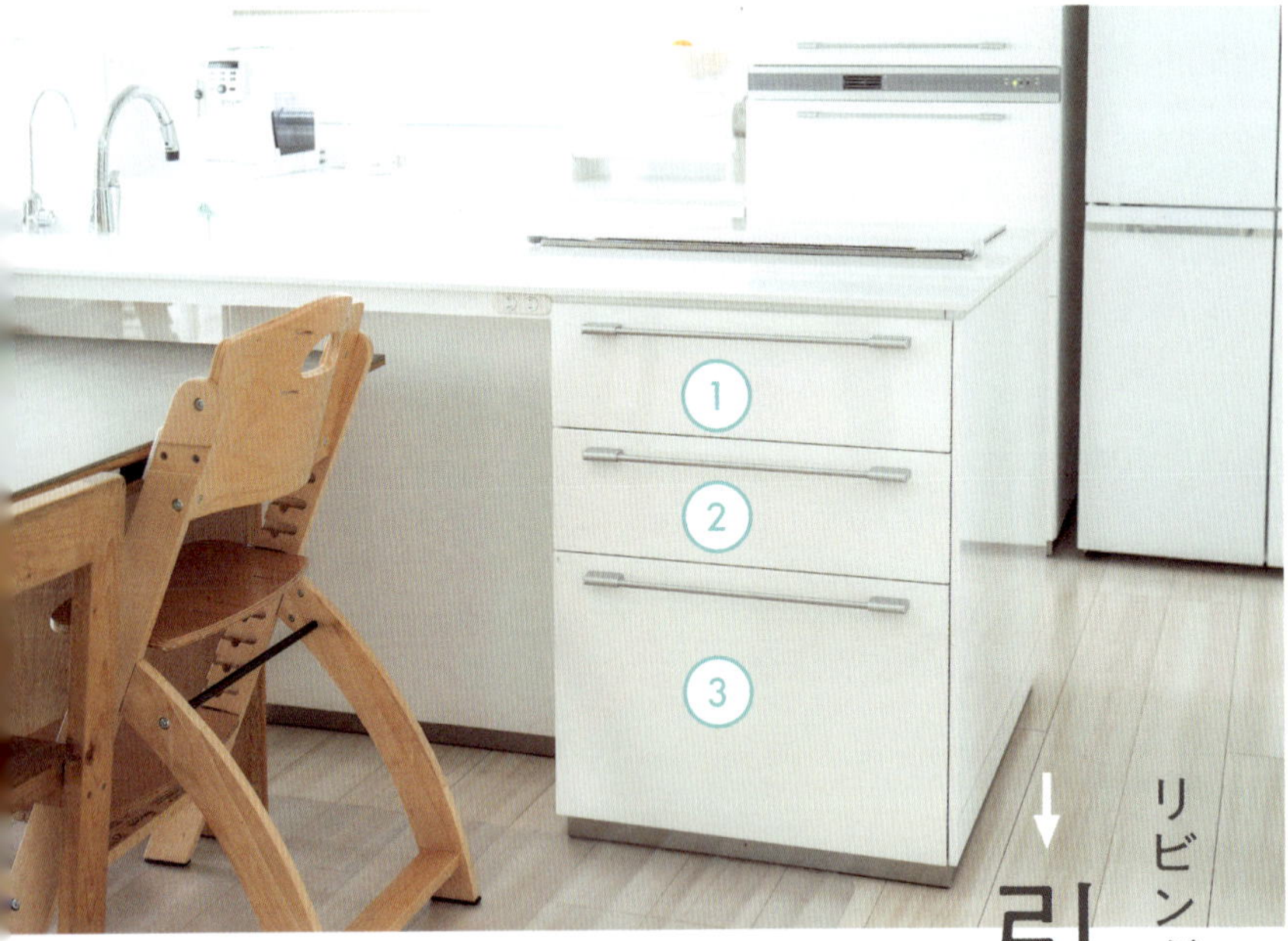

リビング・ダイニング
引き出し

細かい日用品はダイニングにまとめて

「キッチンカウンターはキッチン関係のモノだけを入れる場所」と誰が決めたの？　「モノは使う場所にしまう」の鉄則に従い、わが家ではダイニング側の引き出しに日用品を収納。ちょっとしたアイテムを、3つの引き出しにまとめています。

1

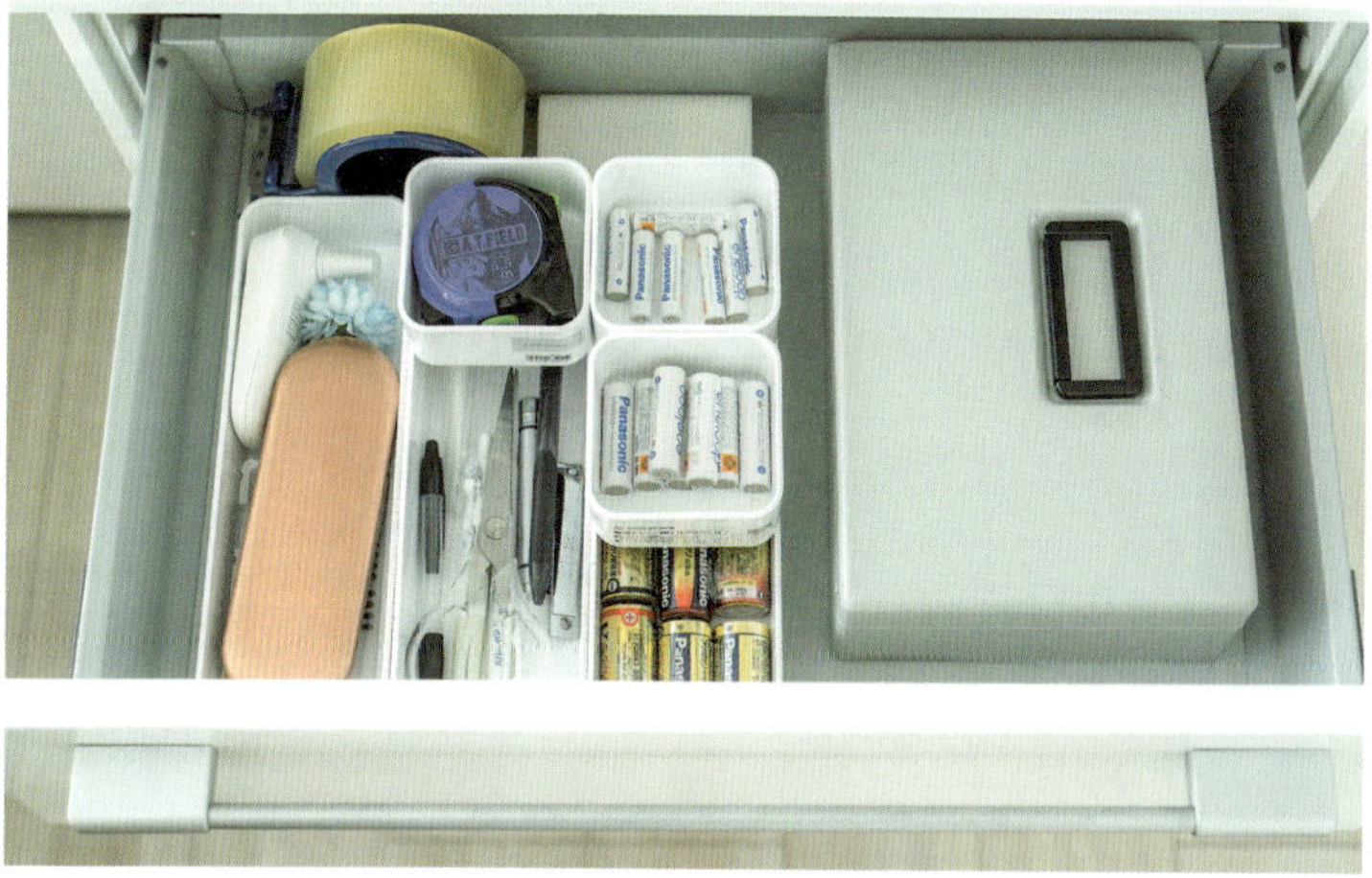

上段にはちょい置きしがちな
デイリーアイテムを

大人が取り出しやすい上段には、電池やハサミ、体温計、テープ類など、家族が頻繁に使うモノを収納。右の金庫には、宅配の着払いや子ども関係で使う現金を入れています。

2

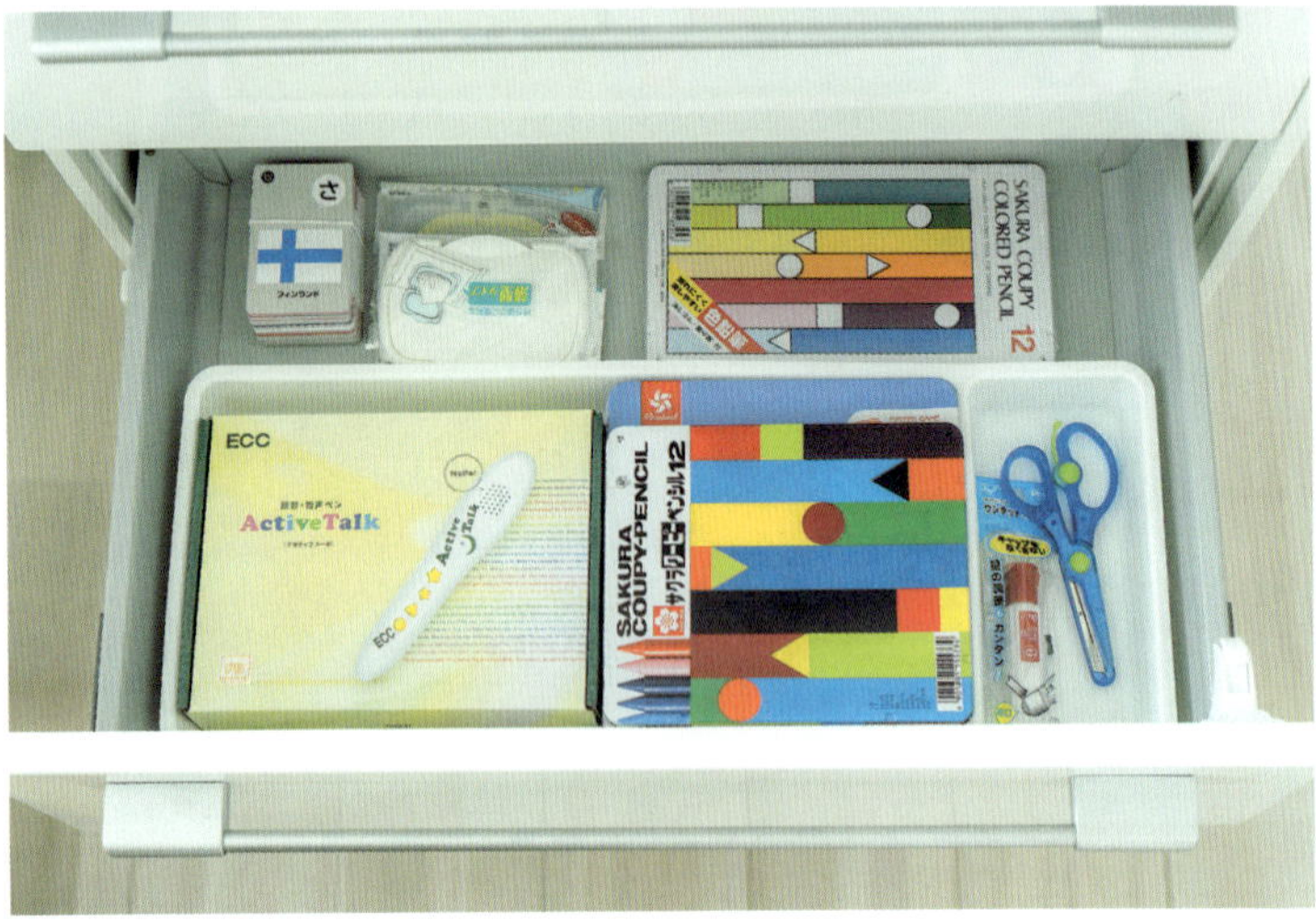

子どものアイテムは取り出しやすい中段に

子どもの手が届く高さの中段には、保育園や習い事関係のモノなどをイン。キッチンカウンターの上で子どもの荷物の出し入れをすることが多いので、動線にもムダなし。

3

使用頻度の低い工具類はいちばん下にまとめて

めったに使わず重量のある工具類や、フックなどのパーツ類はいちばん下に。取り扱い方によっては危険なモノも含まれているので、子どもが開けないようチャイルドロックを。

リビング・ダイニング カウンター上・そのほか

ここにもポイントが！

ゴミ箱は 最小限しか置かない

雑な人はゴミ箱の数を減らし、サイズも小さくすべし。なぜならゴミ箱自体の掃除が面倒だから。カウンター上にはミニサイズを置き、料理＆食事中のゴミはすべてここへ。

料理用と食事用のティッシュは 1つにまとめる

ゴミ箱同様、ティッシュも1つにまとめて。取り出し口が2つの「両面ティッシュケース」に、ダイニング側は子どもが使うティッシュ、キッチン側にはキッチンペーパーを入れています。

グリーンは手入れがラクなモノを

サボテンすら枯らす雑女仲間におすすめの観葉植物、ガジュマル。水を頻繁にあげなくても、結構元気に育つかわいいヤツ。手入れが大変な植物は、もっぱら外で愛でるようにしましょう。

ダイニングテーブルの下には…

お勉強セットは勉強する場所に

子どもたちはダイニングテーブルで宿題をするので、天板下にお勉強セット一式を収納。使う場所でさっと取り出せるので、子どもたちの意欲もそがれず、片づけもラク。

PYORI'S METHOD

PART 4

書斎

STUDY

パッと見、きれいならよし！やる気が出るアイデアが満載の空間に

「まるでコックピットみたい」と言われる書斎は、約2畳とかなりコンパクトな空間。

作業に集中できるようにモノを最小限まで絞った机まわりと、座ったまま振り返れば手が届く壁一面の収納が自慢です。なにを取り出すのにもさっとワンアクション。

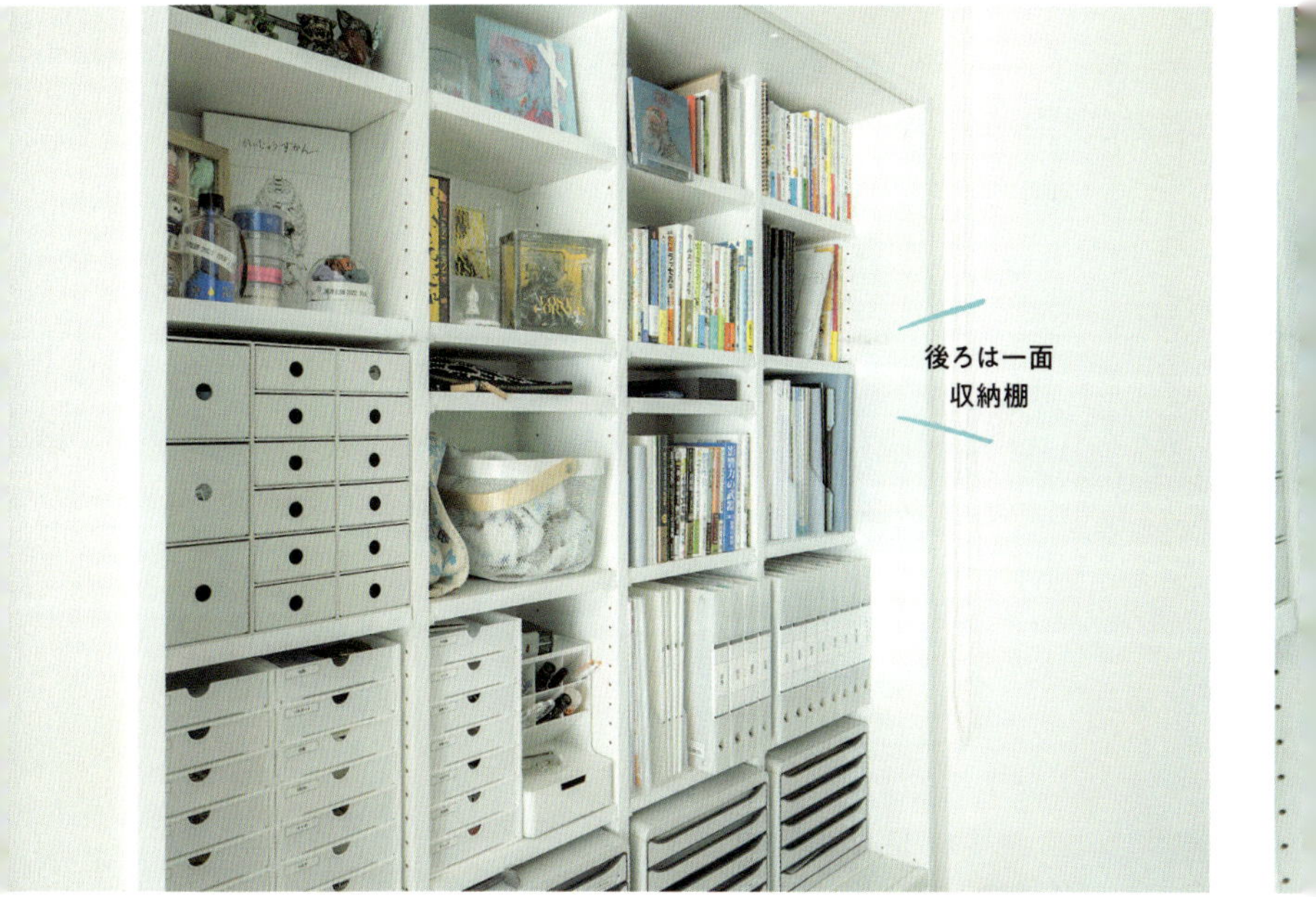

この動線のスムーズさが、雑女にはたまらなく快感です。

ここに本や書類、文房具類、推しグッズなど、仕事道具や紙モノ、雑貨類がすべて収まっています。逆に言うと、ここに収まらないモノは潔く処分！

3秒で片づけた"風"になるロールスクリーン

「3秒で片づく収納グッズ」ことロールスクリーン。人が来たときにサッとおろせば、たちまち白い背景に大変身。オンライン講座のときなども、この背景を活用しています。

書斎
↓
収納棚上段

ディスプレイ収納でお気に入り空間に

背面の収納棚の上2段は立ち上がらないと手が届かないので、使用頻度の低いモノを置いています。頻繁に読まないけれど取っておきたい本、推し活グッズ、思い出の品など。リビングからも目に入りやすいので、置き方も見栄えよく。

手が届かない場所は引き出し収納NG

使用頻度が低いモノを上段に置いたうえ、さらに引き出しに入れると、なにが入っているかを忘れてしまい、「使用しない」危険性が高まります。基本はオープン収納がおすすめ。

趣味のアイテムは
場所を決めて厳選

オタクとして、推し活グッズは際限なく増やしたいけれど、グッと堪えて「場所はここだけ」と決め、それ以外は潔く手放すように。手元にあるモノは愛をもってディスプレイ。

銀テープも
かわいく収納

書斎

↓

収納棚中段

よく使うモノは手の届きやすい背面に

振り返ったときに、座りながらでもさっと手が届く中段には、仕事関係の書類や資料を並べています。ちなみに、この棚の奥行きは24㎝。奥行き24〜25㎝の収納グッズは充実しているので、シンデレラフィットが狙いやすいです。

ピシッ

中段には使う頻度が高い本を

中段の本は、仕事の資料や現在読書中のモノ。読書は好きですがそこまで読み返さないので、収納しきれないモノは買い取りサービス「ポレット」などを利用して手放すように。

家族用コーナーだけは**ラベリング**を

いつも違う場所に戻されたらイライラするような、家族で使う文房具などは住所を明確にするためにラベリング。自分だけが使うモノは、ラベリングなしで引き出しへ。

“今”使っていない書類は棚に

ペーパーレスの時代はいずこへ、なぜか増え続ける書類。現在進行形で使うモノは机の上へ、それ以外はすべて分類し、収納棚へ。定期的に見直し、不要書類はシュレッダーに。

書斎 ↓ 収納棚下段

置き場所に困るモノをざっくり収納で解決

「置き場所を決めにくいモノ」は必ず出てきます。そういうモノをとりあえず入れる「逃げ場収納」を決めると便利。この場合細かい仕切りは不要で、ざっくり入れられる収納がおすすめです。

ロールスクリーンが届かない位置は隠す収納に

最下段はロールスクリーンが届かないので、イケアの中身が見えない布製ボックスを並べて引き出し風に。深さがあるので不定形なモノ、サイズがそろわないモノも隠せちゃいます。

家族用ボックスは完璧を求めない

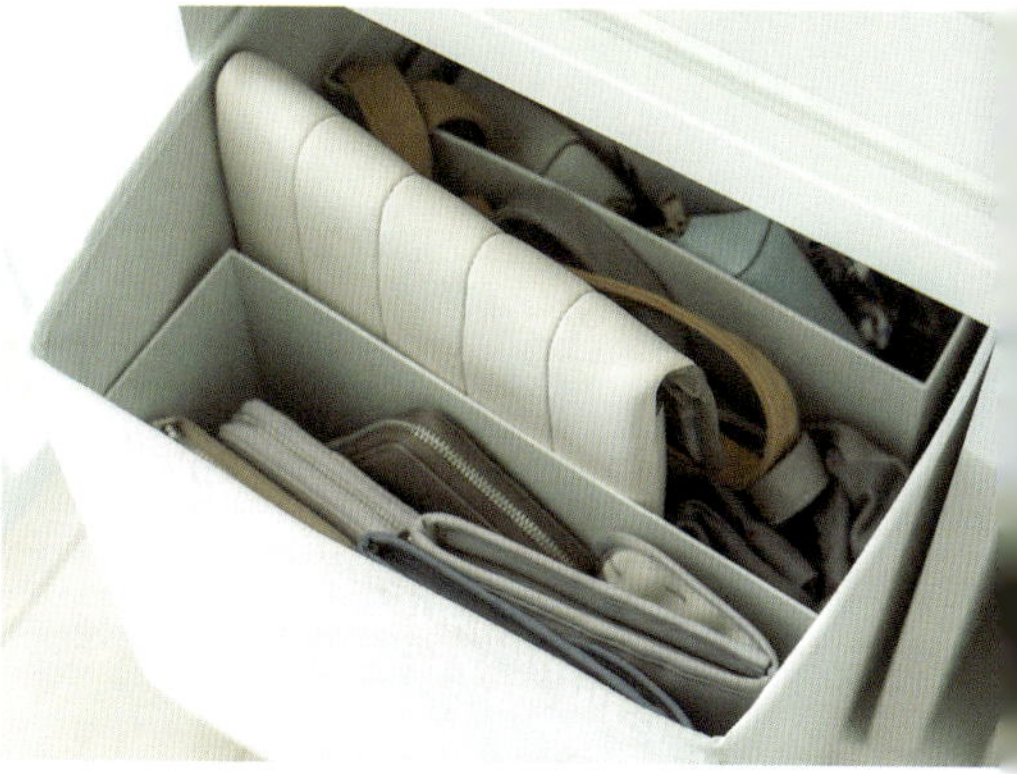

いちばん左側（リビング側）のボックスは家族用に。無印良品のファイルボックスを仕切りにして、通帳や母子手帳が入ったファイルなど、よく使うモノをさっと取り出せるように。

意外と使う日用品にも住所を決める

宅配便の伝票やレターパック、OA用紙など「割と使う」「でもバラバラと置くと雑然とする」モノこそ、置き場所を決めることが大事。容量が大きめの布製ボックスが頼れます。

書斎 ↓ 机まわり

集中できるよう、机の上だけミニマリストに

視界の混乱は頭の混乱につながることを、汚部屋で痛いほど実感した私。こと仕事を行う机の上は、ミニマリスト並みにモノを削減しました。やってみると効果絶大、タスクはスイスイ片づき、アイデアもポンポン生まれます。

やっぱり充電コードは すっきりまとめる

「コード類はまとめて」と何度か書きましたが、ごちゃごちゃ配線を眺めながら仕事はできぬ、机の上こそマストです。充電スタンドを活用してまとめて充電。

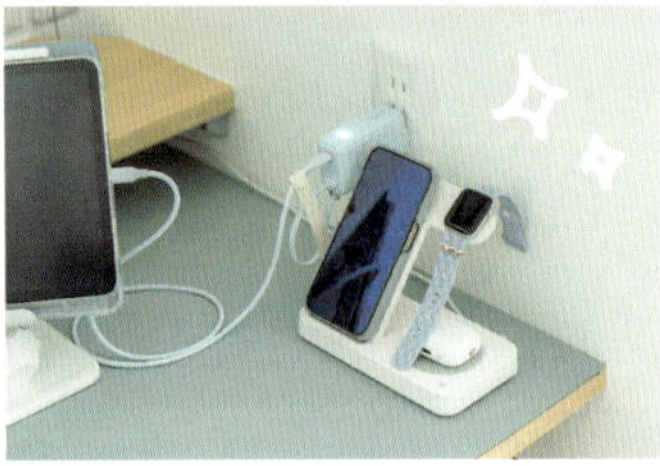

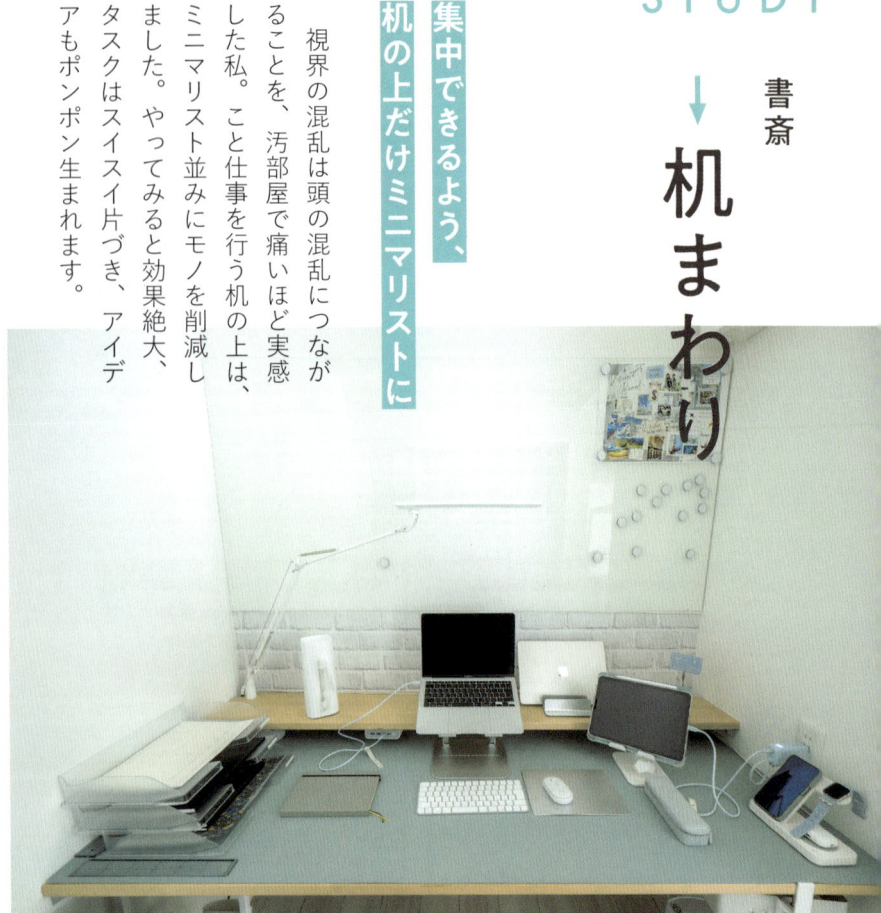

"今"使っている書類は机の上に

積み重ね式の書類トレーを3つ重ねて分類。上段に進行中のプロジェクトの資料、中段にアイデアノート、下段に勉強のプリントを。斜めになっていて、取り出しもスムーズ！

よく使うアイテム

ちょい置きしたいモノは机の下に

付箋やペン、リップクリームやハンドクリームなど、さっと使いたくて細々したモノは、机の下に取りつけた収納ラックへ。ミニサイズのモノが多いので、格子状の仕切りを入れて。

PYORI'S METHOD

キッチン

雑な人こそ基本に沿って。アレンジ不要のシンプル収納に

食器棚に置いているのは、お気に入りのケトルとコーヒーメーカーのみ。あとはすべて収納して見えないようにして、常に小ぎれいな空間をキープしています。

キッチン収納で強調したいのは、下手なアレンジをせず、フライパンはコンロのそば、鍋はシンク側、

KITCHEN

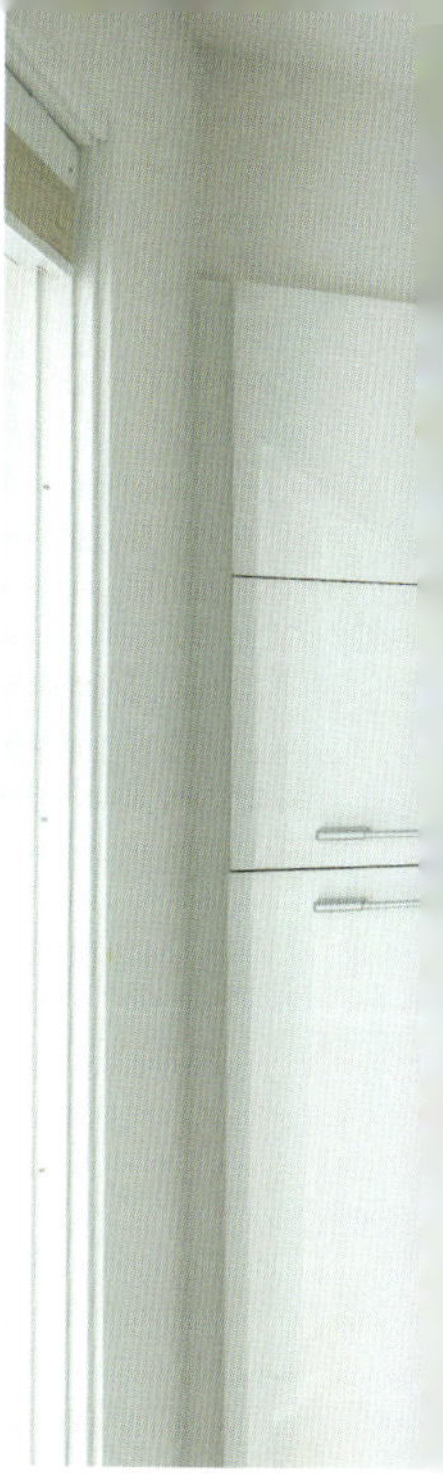

カップはコーヒーメーカーの上にといった具合に「使う場所にしまう」という基本の厳守。雑な人は自己流にアレンジしたがる傾向がありますが、料理という目的が明確な場所では、先人の教えを守り、基本に忠実に収納しましょう。

家電収納棚でも

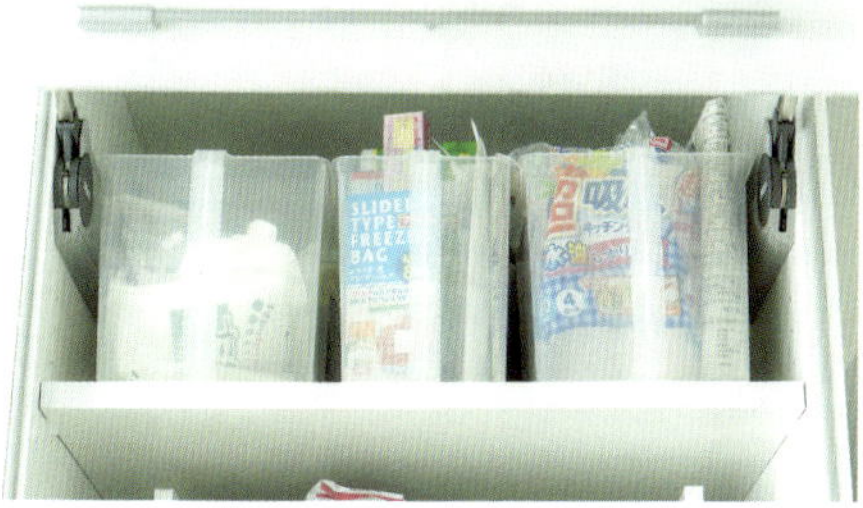

パントリーでも

キッチン収納には半透明ボックスを

食品ロスや使い忘れを防ぐためには、常に在庫の把握ができるかがポイント。半透明ボックスを使えば中身が見えるので、「入れっぱなしで忘れていた」ということがなくなります。

PYORI'S METHOD
KITCHEN

キッチン
シンク下&食器棚

家事をラクできるよう動線でカバー

キッチンは、家の中でいちばん動線を吟味したい場所。ほんの1歩でも、毎日積み重なるとじわじわ負担に。カウンターと食器棚の間は90㎝、振り返るだけで前後からモノを取り出せるうえ、大人2人が無理なく行き交えます。

フライパンは定位置に立てる収納

サイズ違いでそろえているフライパンや鍋類は、ニトリの伸縮するフライパンスタンドを活用して立てる収納に。出し入れがラクで、家族も迷いなく正しい位置に戻せます。

基本にならって使う場所にしまう

冒頭でも書きましたが、キッチンこそ基本が大切。使うモノを使う場所へ。調理スプーンやおたまといったツールや調味料は、調理を行うコンロのそばにしまうと作業もスムーズです。

モノをギチギチに入れない

キッチン収納で心がけているのは、ゆとりをもたせること。重ねすぎ、押し込みすぎのアイテムは、取り出しにくく結局使わないことに。ほどよいゆとりが稼働率を上げます。

食器棚の上は 見えてもいいモノだけ

ごちゃつきがちなキッチンは、隠す収納が基本。お気に入りの家電以外は全部引き出しや棚の中へ。ふき掃除もほんの数秒で終了し、小ぎれいをキープするのがとってもラク。

お気に入りの家電は見せてOK!

ちょっとしたモノは
ブレッドケースに隠す

朝食のパン、いただきもののお菓子やおやつなどはブレッドケースへ。この引き出し収納、磁石式のフックがつけられるので、側面にも収納が取りつけられておすすめです。

食器は
むやみに増やさない

かつては来客用と普段使い用で分けていた食器。今は食洗機に入るお気に入りだけを普段使い用として残し、必要最小限の量へ。定位置と定量を決めれば、子どもでも片づけられます。

余白が大切

キッチン
パントリー

フードロスを出さない工夫がたくさん

消費期限を切らしてばかりの汚部屋時代の反省を踏まえ、在庫管理のしやすさを徹底させたパントリー。100円ショップやニトリなどで買ったケースを引き出しのように並べ、フタなしで見やすく、取り出しやすい工夫を。

つっぱり棒で奥まで取り出しやすい工夫を

パントリー上段は2本のつっぱり棒を渡し、奥の箱を斜めに立てかけて中身が見えやすいように。手前だけではなく、奥の箱に入っている食品までしっかりと確認できます。

ストック管理しやすいように
持ち手つき＆ゆったり収納

食器や調理道具と同じく、食材もゆったり収納が基本。中段はニトリの持ち手つき半透明ストッカーで取り出しやすく。かさばるモノや1ℓの豆乳パックなども余裕で収まります。

いつも
食べている食材を
防災用にストック

災害に備え、家族4人が3日間しのげる食料品は常に確保。わが家は少し多めに買い置きし、古いモノから使い、その後使った分を買いたす「ローリングストック方式」を採用。

PYORI'S METHOD

KITCHEN

キッチン

冷蔵庫

食材の詰め込みNG!
ゆったり収納を心がけて

冷蔵庫も、ぎゅうぎゅうに詰めて食材をムダにしていた反省から、現在は3割、多いときでも4割程度の在庫量を意識。ゆとりがあると、パントリーと同じく在庫管理もラクに行えて、消費期限を切らさずに食べきれます。

ゴールデンゾーンには
早めに食べるモノを

目線のやや下、いちばん取り出しやすいゴールデンゾーンには、鍋がまるごと入る程度のスペースを常に確保。つくりおきや早めに食べるモノを置いています。

調味料は
最小限に

冷蔵庫内で屍《しかばね》となりやすいモノの筆頭が調味料。わが家ではこった料理をつくらないので、基本の調味料だけを最小限に。小さめサイズを選び、早めの使い切りを心がけます。

果物や野菜は
紙袋に入れて
掃除いらず

タマネギの皮が落ちたり、野菜の泥がついたりと、野菜室の掃除って面倒ですよね。それ、紙袋を使えば解決します！　汚れたら袋を取り換えるだけで済むのもうれしいポイント。

冷凍室にも食材を入れすぎない

電気代削減としては、多めに詰めたほうがいいといわれる冷凍室。しかし冷蔵室と同じく、詰めすぎは食材ロスの危険性あり。保冷剤や飲料水を入れて、食材の詰めすぎを防止！

食べ残しは
アクション少なめの収納で
早めに食べきる

封を開けた冷凍野菜や食べかけのパンなどは、扉を開けてすぐ目に入るオープントレイの右上段へ。引き出すひと手間がないだけで、早めに食べきる意識がアップします。

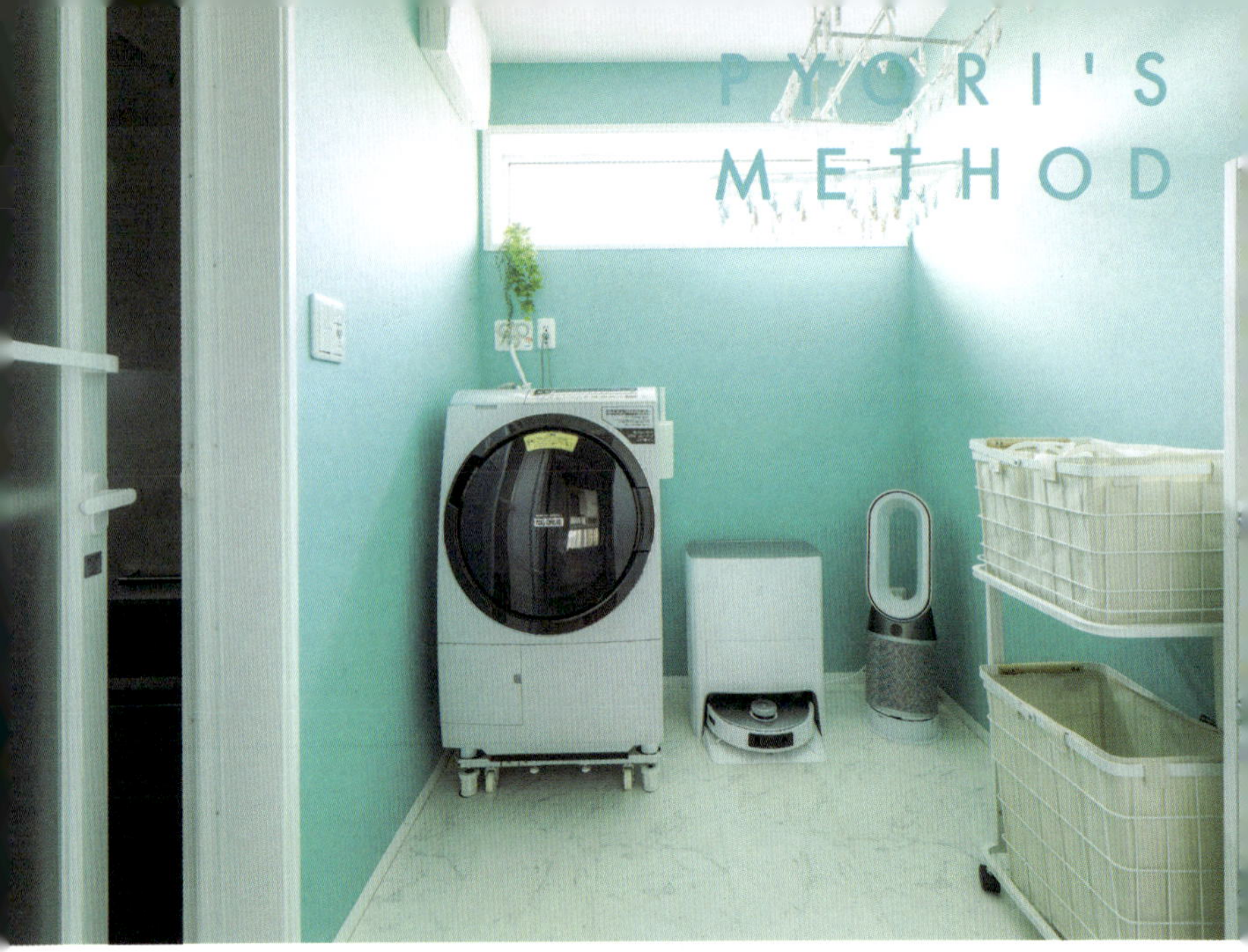

浴室・ランドリールーム

きれいをキープできないヌメリ発生ゾーンにはモノを置かない

汚部屋暮らし時代は、かなりハードルが高かったお風呂掃除。湿気やヌメリとの戦いの日々でした。その解決策は、とにかくモノを置かないこと！　モノを置くほど隙

BATHROOM

浴室・ランドリールーム

浴室

わが家の浴室は、見事なまでにからっぽ。最後にタオルでざっとふき上げ乾燥させておけば、掃除も最小限に。

バスタオルは たたまずかける

ランドリールームにあるドラム式洗濯機で乾燥まで終えたら、浴室の扉にかけているバスタオル。たたむ・しまうという家事がまるっと消滅です。毎日洗濯するので予備は最小限。

間に湿気がたまり、ヌメヌメ汚れが発生していくからです。なので新居では、とにかく浴室にモノを持ち込まない作戦を決行。これが功を奏し、浴室の衛生状態は格段にアップ。毎晩快適にお風呂でくつろげるようになりました。

シャンプーは 銭湯方式！ 浴室には置かない

シャンプーやコンディショナーのボトル底のヌメリは、浴室に置きっぱなしだから発生します。入るときに持ち込み、出るときに片づける銭湯方式だと、掃除の手間が省けます。

浴室・ランドリールーム
↓ランドリールーム

洗濯が1か所で完結する動線に

洗濯はドラム式洗濯機で乾燥まで行うのがわが家の基本。縮むと困る服、シワになりやすい服は買わないように。居間やベランダなど、ほかの空間を通過することがないので、「洗濯物をちょい置き」なんてこともありません。

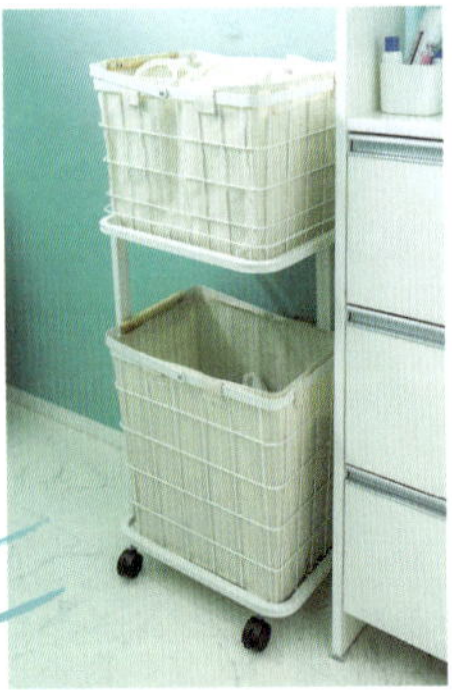

洗濯バスケットは可動式&見えないモノを

ホコリが生まれやすいランドリールームは、掃除のしやすい可動式洗濯バスケットがおすすめ。上段には銭湯セット、下段には洗濯物を。洗濯機まで移動したら、ポイッと中へ入れるだけ。

ゴミは袋にまとめて ゴミ箱へポイッ

ゴミ箱は、箱自体の掃除が面倒なので極力数を減らしたい。湿気が多い浴室はなおさらです。そこで、髪の毛などのゴミはまとめてゴミ袋へ。たまったらそのままゴミ箱に捨てに行きます。

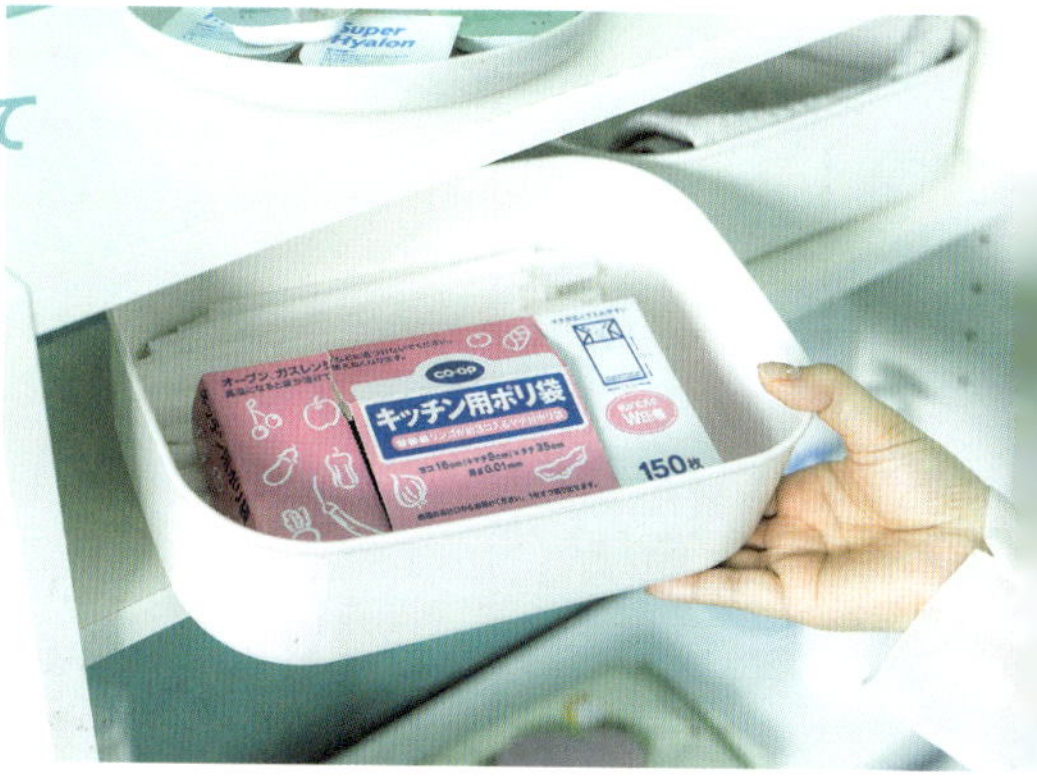

ごちゃごちゃ しがちな アイテムは 見せない工夫を

子どものおむつや洗剤類など、ごちゃごちゃした見た目のアイテムには扉のついたクローズド収納が便利。見えないので中は乱雑でOK、場所をとらない薄型棚がお気に入りです。

PYORI'S METHOD

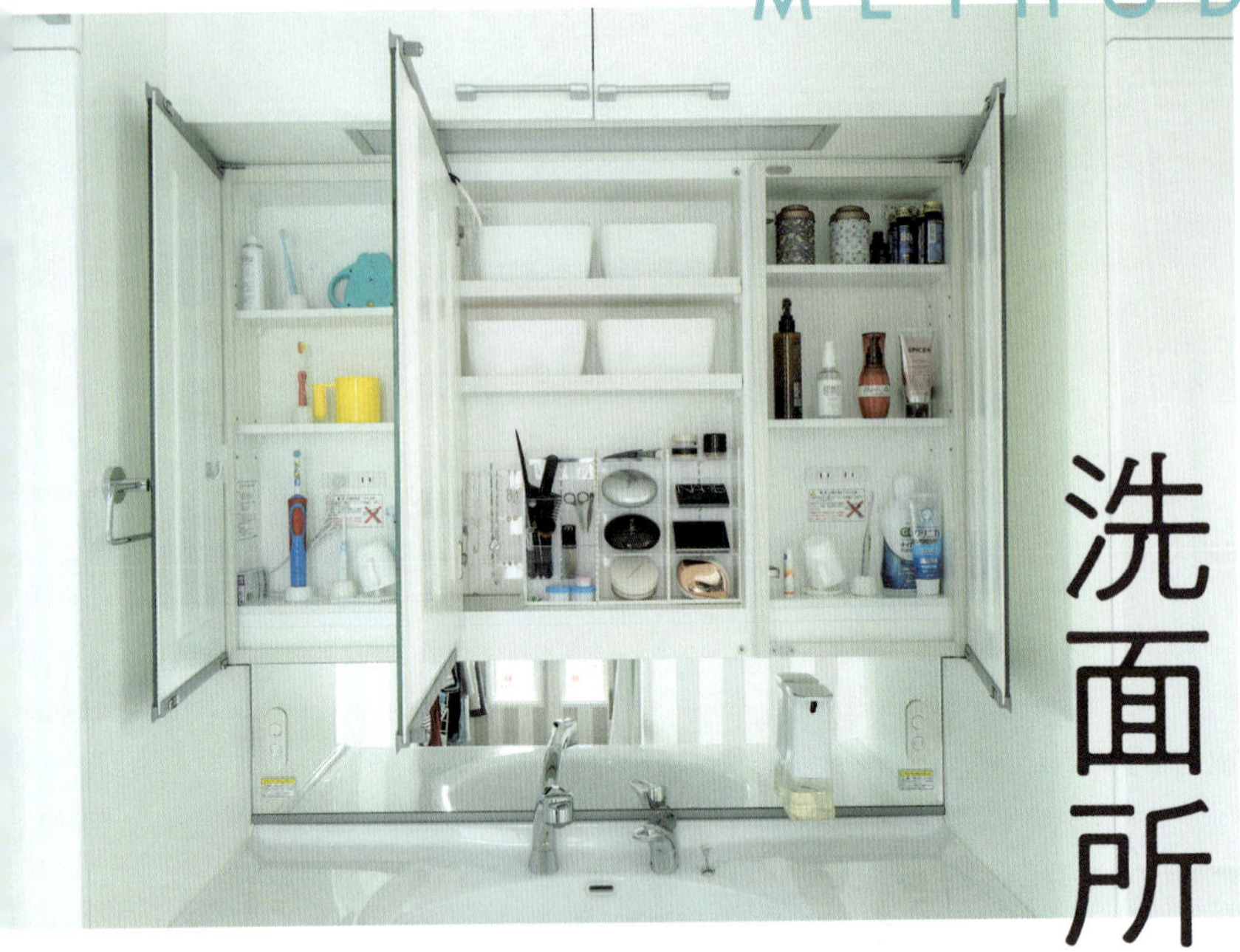

洗面所

生活感の出るアイテムは隠して〝なんとなくきれい〟に

ヘアケア、オーラルケア、スキンケアにメイク用品と、とにかくアイテム数が多い洗面所は「隠す収納」一択。なぜなら、使用頻度の高い水まわりはやはり汚れやすく、こまめに掃除をせざるを得ない場所だから。そこに細かなモノが表に出ていると労力は倍増です。

逆に、隠せば「きれいな感じ」を保つのはそんなに苦ではない。雑女の自覚がある人は、可能な限り隠すべし。モノの量も、収納に入るだけに絞りましょう。中の整理はそこそこでOK、フタさえ閉めればすっきり見える方式です。

WASHROOM

歯ブラシやコップなどは中に隠す

カラフルなモノも多く、出ているだけで生活感マックスな歯ブラシ類。家族4人分を並べようものなら大変なことになるので隠しましょう。置き場所さえ決めれば、子どもでもしまえます。

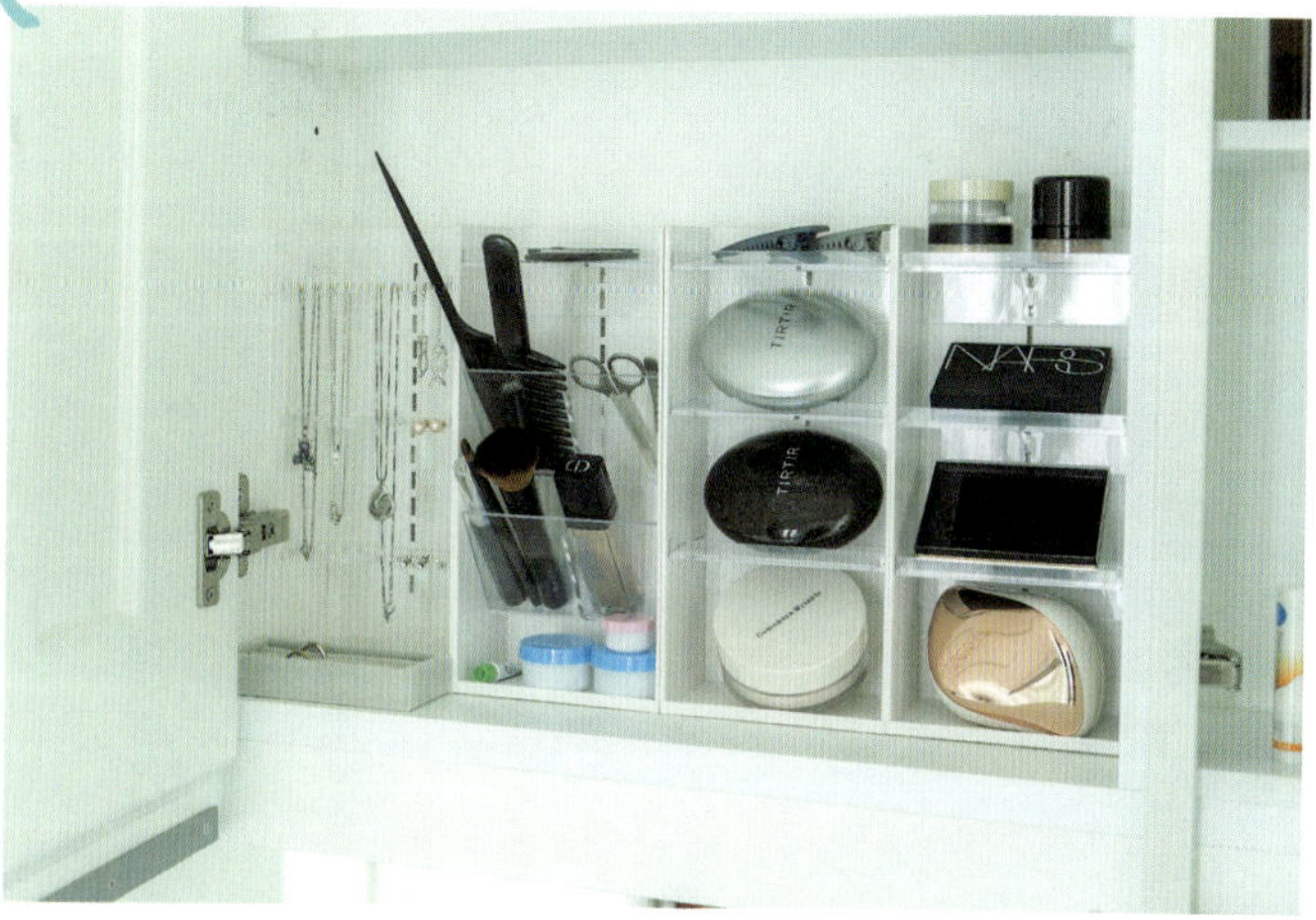

メイク道具はパッと手に取れる形に

コスメは洗面所に集約し、パッと取り出せるディスプレイ収納に。ここに入るだけと数を決めれば増えることもなし。アクセサリーも一緒にして、1か所で身だしなみが整うように。

PYORI'S METHOD

クローゼット

浮かせる・たたまないで掃除も収納もストレスフリー

浴室を出てすぐ右手にある約2・5畳のファミリークローゼットは、上着以外の家族4人分の洋服がすべて収まっています。

ポイントは、すべてを浮かせているのでお掃除ロボットが掃除をしてくれること。そして、ハンガー収納なので洋服をたたむ手間がいらないこと。小さな子どもが2人いると洗濯は毎日のことですが、この「たたまないでOK」がどれ

CLOSET

ほど労力を減らしてくれていることか！　服の量はこのクローゼットに収まるだけと決め、「増えたら減らす」を徹底。服の大増殖からも卒業できました。

5歩で完結する洗濯動線に

乾燥まで済む洗濯機からクローゼットまでわずか5歩。最短距離なので時短なうえ、途中でリビングや寝室を通過しないので、服が別室にたまる「ちょい置き」状態も防げます。

パタン

基本はたたまず浮かせる

基本はハンガー収納で浮かせ、たたむ作業と掃除の手間を省きます。6連のパンツハンガーは、片方のフックを外すとぐっと省スペースに。ボトムスも1人6枚までと決めています。

子ども服だって
自分で選べるスタイルに

子ども2人分の洋服は吊り下げラックを活用。収納されているモノがひとめでわかり、出し入れもラク。4歳児も自分で選んで着替えることができる、自立を促す収納です。

ハンガーの数を固定して服の増えすぎ防止！

ハンガーの数を固定し「ここにかかるだけ」と決めてしまえば、洋服の管理も一目瞭然《いちもくりょうぜん》。整理収納が苦手な人こそ定数管理を取り入れて。同じハンガーがずらりと並ぶ様子は気持ちがいい！

かさばるバッグもすっきり収納

ダイソーのバッグ収納ハンガーを活用。ハンガー自体が薄手なので省スペースで、片手でさっとかけられます。バッグもここに収まるだけに。じつは、帽子の収納にもおすすめです。

PYORI'S METHOD

玄関

“外で使うモノは部屋に持ちこまない”収納を徹底

家をすっきりさせる方法はいくつかありますが、「部屋にモノを持ち込まない」のも大切なポイント。そのために、玄関脇にクロークを設けました。アウターや外で使うおもちゃ、靴、帽子などを玄関から先に持ち込ませない配置にすることで、「ちょい置き」による混乱を防ぐことに成功。

クロークや靴箱は決して大きいサイズではないですが、「ここに収まるだけ」と持つ量を徹底。玄関がきれいに整うと、なんだか運気もアップしそうですよね。

ENTRANCE

靴は ゆとりをもって 収納できる 数だけ！

玄関に入って左手が家族4人分の靴箱。こちらも服と同じくぎゅうぎゅうには詰め込まず、空間に余裕をもたせて取り出しやすく。履かない靴はすみやかに処分します。

外で使うモノも 合わせて収納

靴箱の半分には、子どものアウター類とともに、レジャーシートや日傘、マスクなど外で使うモノを合わせて収納。玄関先なので、忘れてもすぐに取り出せるのが便利です。

防災アイテムも玄関に収納

使用頻度は低いといえど、防災グッズはさっと取り出せる場所に置くのがセオリー。また、倒壊した場合を考え、分散収納が基本です。わが家は玄関とキッチンに分散して置いています。

アウターは部屋に持ち込まない

アウターは外で着るものなので、わざわざクローゼットまで持ち込む必要なし。ということで、玄関先で完結させています。オフシーズン時も、クローク内に収納しています。

子どもグッズは 壁面収納に

子どもが自分自身で準備できるよう、リュックなどは取り出しやすい壁面収納に。左側が長男、右側が二男のモノ。帰ってきたあとも、玄関ならすぐに片づけられます。

細々したモノは マグネット収納 で管理

ドアの内側に取りつけたマグネット式のキーフックには、宅配ボックスやもの置き、自転車の鍵などをぶら下げて。扉裏には印鑑も収納できるので、宅配の受け取りもスムーズ。

PYORI'S METHOD

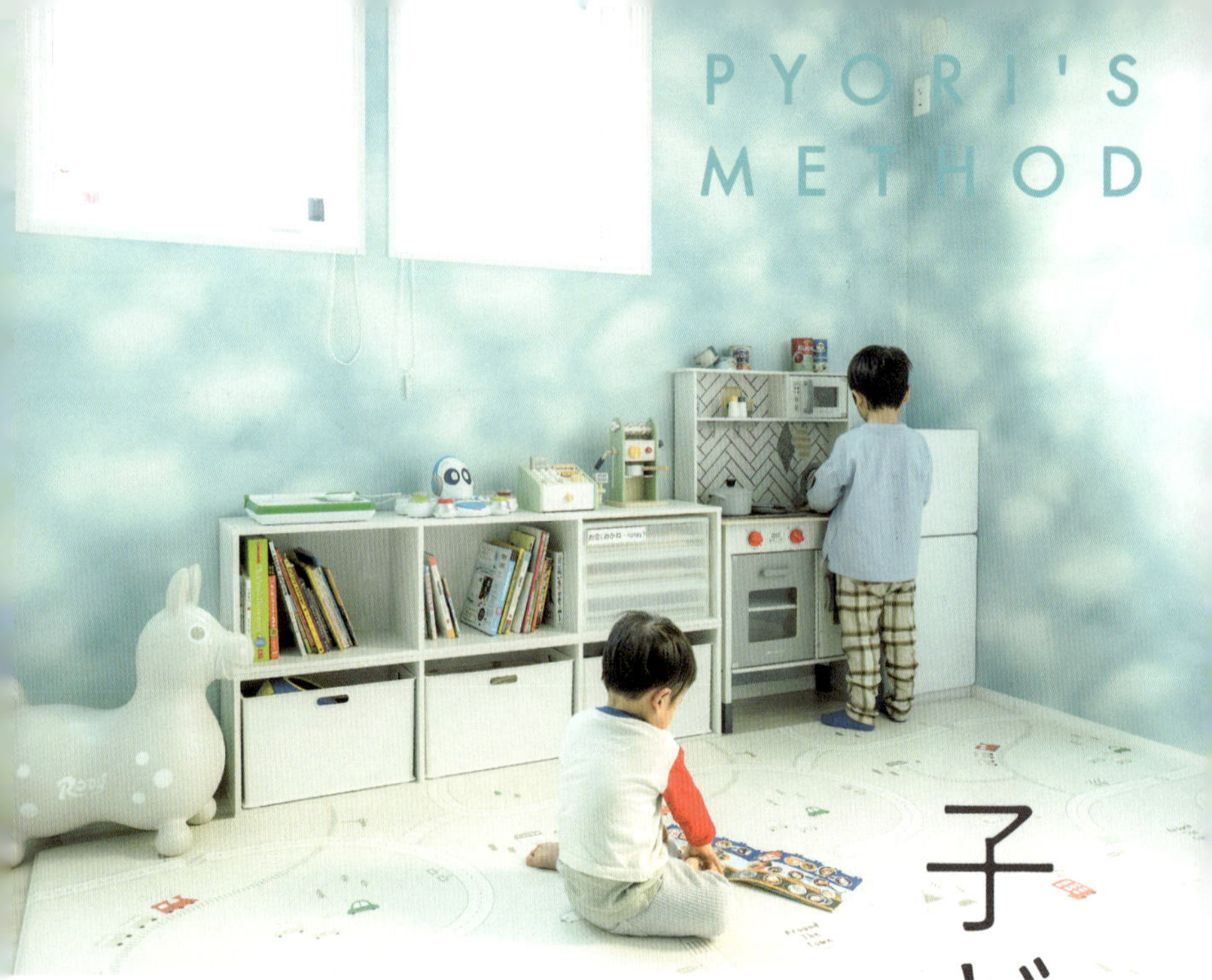

子ども部屋

子ども任せで きれいが続く！ 親がラクする収納に

子どもが自分から進んで片づけをする、そんなことがあるなんて！　出産前の私からすると信じられないことが起きている子ども部屋。その秘密は、子どもでも片づけやすい仕組みづくりです。

　小さな子どもでも判断しやすいような収納の区分けや、片づけが

KIDS ROOM

楽しくなるようなグッズ選び。いくつかポイントを押さえることで、自ら片づけを楽しめるようになっていきました。たくさん遊んだあとは「もとの場所に戻してね」。片づけたら「ちゃんと片づけてえらいね」。そんな声かけで、きれいが続きます。

どっちも奥行き30cm

子ども部屋収納は奥行き浅めが重要

子どもの小さな手足だと、深い収納は手が届かず管理が難しいため、奥行き浅めを選んで。わが家は30㎝の収納で統一。幅が狭い収納を選ぶことで、遊ぶスペースも広めに確保できます。

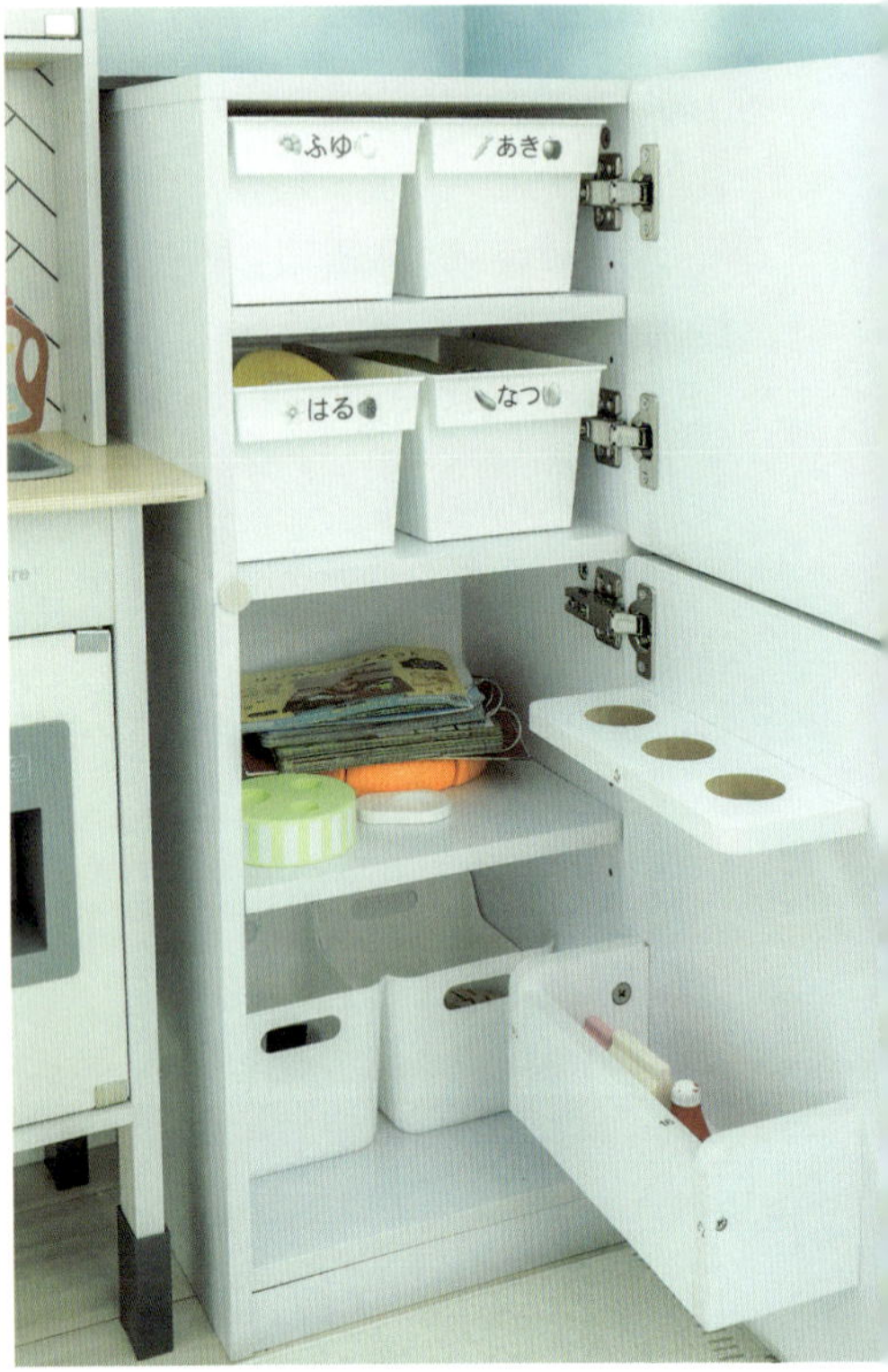

open!

遊べる収納グッズで
楽しく片づけ

長男はおままごとに興味があるようで、冷蔵庫形の収納棚や、収納つきのおままごとキッチンを導入。楽しく遊びながらお片づけを学べます。この冷蔵庫も奥行き30cmです。

ディスプレイ収納で絵本をラクに管理

絵本の表紙が見えると教育的によろしいと聞き、絵本棚はディスプレイ収納できるモノをチョイス。現在は2段目にも絵本を入れていますが、時期によってはおもちゃを収納することも。

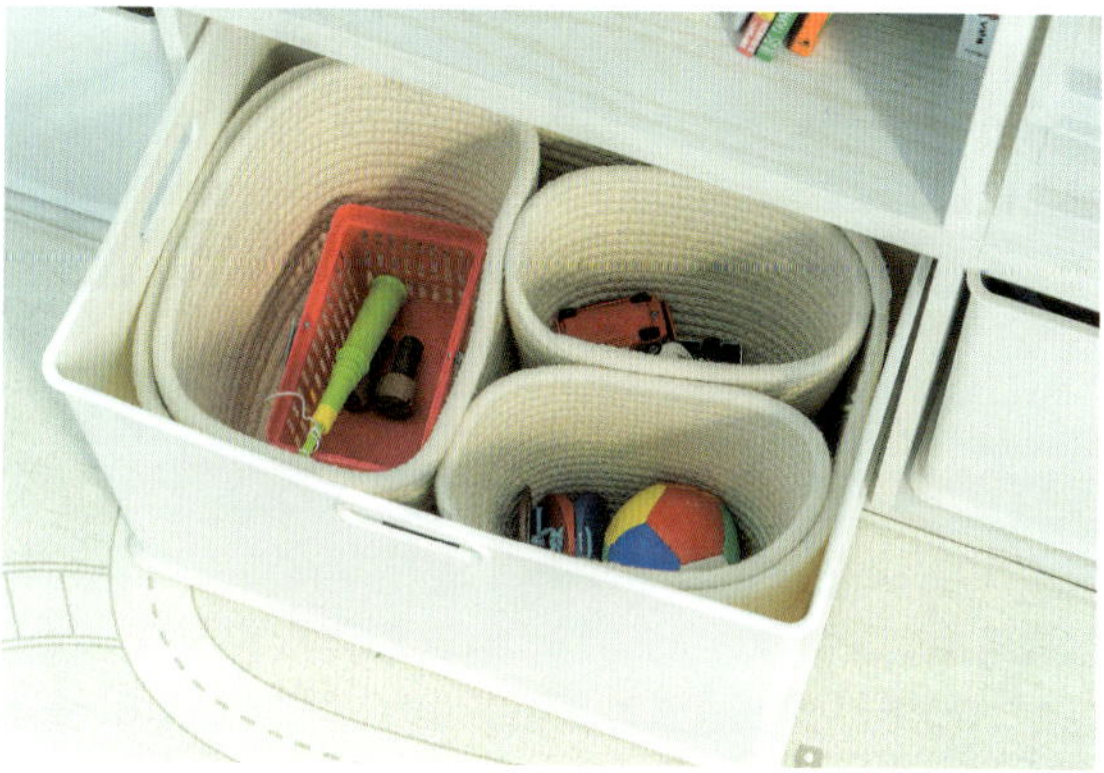

おもちゃはざっくり収納を活用

おもちゃは不定形なので、ポンポン入れることができるカゴが便利。フタがないので、子どもでもざっと簡単に片づくのがポイント。このままリビングへ持っていくことも。

PYORI'S METHOD

寝室

寝るための場所にはモノを置かないルールに

6畳の寝室は、とにかく寝るだけに特化した場所です。クイーンサイズ1つとシングルサイズ2つのマットレスを敷いて、部屋の左右幅にシンデレラフィット。ほかには移動式のワゴンのみを置いています。

マットレスの直置きは、小さな

BEDROOM

寝る前に読む絵本だけワゴンで管理

寝る前の読み聞かせは毎晩の日課なので、イケアのワゴンを可動式の絵本棚として活用。寝るときにそばに置くぬいぐるみもここへ。以前はおむつなどベビーグッズ収納に使っていました。

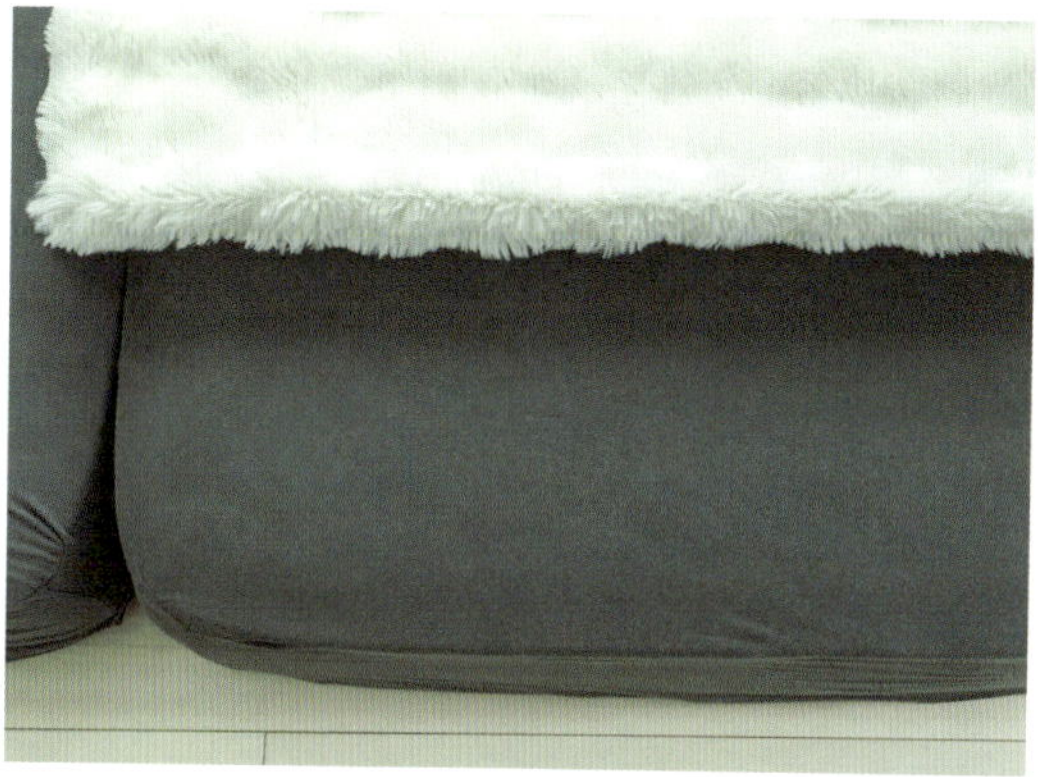

子どもが落ちる心配もなし。ベッドフレームがない分掃除もラクです。愛用している「ネルマットレス」は寝心地抜群でお気に入り。

シーツの替えは持たず最小限でやりくり

シーツは洗濯後すぐ乾燥させるので予備なし。よって収納スペースも必要なし。床暖冷房完備のため1年じゅう室温が一定で、かけ布団は毛布1枚のみ、寝具の衣替えもありません。

PYORI'S METHOD

トイレ

トイレこそ インテリアを楽しむ空間に

今までのルームツアーを見ていただいてわかると思いますが、じつは私、「飾ること」が超苦手。でも、なにもないと少しさみしい。なのでトイレという小さな空間でインテリア欲を満たしています。

トイレは強制的に掃除をせざるを得ない場所なので、逆説的ですがきれいを保ちやすい。スペース

TOILET

トイレは
インテリアを
楽しんでOKに

床暖冷房のおかげでわが家は季節感がないので、トイレに季節の造花やハロウィン、クリスマスといった行事ごとの飾りを置いて楽しんでいます。子どもたちも喜んでくれている様子。

もほどよく小さく、ほかの場所と違って「モノを持ち込んでごちゃつく」こともないので、飾りやすいのです。家のどこかに「ここだけは頑張る」という場所を決めると、インテリアのモチベーションが上がりますよ。

使う場所に収納すると
ストック管理がラク

汚部屋時代にトイレ以外の場所にペーパーをため込んだ苦い経験があるので、トイレ内に収納場所を確保。在庫把握をしやすいよう、「使う場所にしまう」王道ルールに。

PART 5

片づけは、子どもへのギフト

部屋の片づけの次は「実家の片づけ」に

「2級」受講によって「整理」を知り、モノを400kg捨て、新しい暮らしを手に入れた私。そのインパクトがすごくて、すぐさま準1級、1級の資格も取得し、ついには整理収納アドバイザーを自分の仕事にまでしてしまいました。

「汚部屋暮らしだったぴょりさんを、そこまで突き動かした原動力はなんですか？」と尋ねられたら、**「整理というこんなにも当たり前で、こんなにも人生に必要なことを、教わってこないのはおかしくない？」**という強い思いでした。今でも、整理収納は全国民の義務教育、必須科目に入れ込んでほしいと思うほどです(笑)。

その後もインスタグラムで家にまつわる発信をしていたら、フォロワーさんから家づくりの相談を受けるようになりました。おもに間取りについての相談です。当時は育休中だったので、無償のボランティアで相談に乗り続けました。

その中で「じつは、家づくりで後悔していることがあって……」という声をたくさん聞きました。皆さん**「理想の暮らし」についてじっくり考える前に、「理想の家」を考えることに先走ってしまう**のです。リビングを広くしたい、ファミリークローゼットが欲しい、玄関を広くしたいなど。

しかし家はハコではなく、そこで暮らす人が主役。**まずはどんな暮らしをしたいのか、理想の暮らしや生活習慣を徹底的に考えてみる。**その作業（＝整理）をしないで家づくりや捨て活をすると、必ず後悔してしまうのです。そんな後悔の思いを聞くたびに「2級を必須科目に！」との思いが強くなっていました。なぜなら、整理を知り「雑でも小ぎれいな暮らし」という、私にとって最も快適な暮らしを実現できたら、本当に生きるのがラクに、楽しくなっていったからです。

そんな無料の相談を何百件も続けたあとでしょうか。ついに開業届けを出し、整理収納アドバイザーとしての活動がスタートしました。快適になった新しい家での生活を紹介しながら、片づけの素晴らしさ、大切さを、よりいっそう熱を込めて発信するようになっていったのです。

発信すると、さらに深く片づけについて考えるようになり、そこから生まれた思いをまた外に向けて発信する。そんなことをくり返していると、段々と頭の中の多くを占めるモヤモヤが強く意識されるようになっていきました。

そのモヤモヤの正体は「実家の片づけ」。自分が汚部屋を脱出し、新しい家をしみじみ「居心地いいなあ」「快適だなあ」と感じる一方で、同じ市内にある汚部屋のままの実家が、どんどん気になってきたのです。

引き出しの片づけをするときは「全出し」が基本です。中身を全部取り出して、「いるモノ」「いらないモノ」に分け、「いるモノ」だけを戻していく。頭の中も同じように、頭を占領している考えを全出しして、整理することが大切だったりします。

これから自分がやりたいこと、やらなくてはいけないこと、ワクワクするような夢や希望、それを阻んでいる不安や苦手意識。

そんな「頭の片づけ」の作業を続けるうちに、大きくのしかかっている「実家じまい」という課題を意識せざるを得ない状態になっていきました。もう何年も「いつか私がやらないといけない」と思いながらも、なかなかやる気が起きなかった大仕事。

モノが勝手に片づくことがないように、人生の課題も勝手に消滅することはありません。ずるずる引きずってあと回しにすることは、引き出しの中に不用品があることを自覚しつつ、それを残したまま、再び閉じることと同じです。

「いよいよ、やるしかないか」。そう決心できたのは、徹底的に自分の家を片づけられたからなのでした。

重い腰を上げて「実家じまい」を決意

実家じまいをしようと決心をしたのは、およそ2年前のこと。汚部屋を脱出し、整理収納アドバイザーとして活動を始めてから、すでに4年が経っていました。部屋を片づけ、家事や仕事など人生まるごと整理させていった中で、家といった物理的な空間はもちろん、それ以上に「頭の中の片づけ」の大切さを強く実感するようになったと書きました。その過程で、どうしても「過去のモヤモヤ」をリリースする必要があると気がついてしまったのです。私にとってそれは、実家じまいでした。

この実家じまいの話、音声メディアVoicyで語ったところ、反響がものすごく多かったエピソードです。語りに私の気持ちが強く入ってしまったのも理由ですが、**このテーマが多くの人にとっても切実な問題だったから**だと思います。「私も苦労しました」「やらなきゃと気になっていて」など、本当にたくさんのお声をいただきました。

PART1でもお伝えしましたが、私は出緒正しき「3代続く汚部屋住人」。当然、実家もとてつもない汚部屋です。しかも、田舎なので250坪の土地に70坪の家、7SLDKと、とにかくだだっ広い。そこにお皿1000枚、VHS1000本、レコード1000枚、物置き6個……とにかく大量のモノで溢れかえっていました。

なぜそんなにもモノがあったのかというと、かつての実家は割と裕福だったからです。祖父や父の仕事が順調だった時代は、欲しいモノをバンバン買えていました。さらには父がオーディオマニアでコレクター癖があり、ビデオテープやレコードが増えるだけでなく、スピーカーなどのハード類も山のように積まれていたのです。

しかし結局家業がままならなくなり、私が中学校に上がる頃に父と母は離婚。私は母に引き取られ家を出て、弟と妹は父や祖父母とともに実家に暮らし続けました。といいつつも、私はときどき父たちのもとに顔を出しており、私の部屋も残されたままでした。とにかく空間だけは有り余っていたのです。

「片づけよう」と思い立ったとき、実家に住んでいたのは、祖母、父、弟の3人（祖父は亡くなり、妹は家を出て音信不通状態になっていました）。老齢な祖母は認知症の疑いもあり、施設に入るかどうかを検討するような状態で、父は自営業、弟は引きこもりのニート。実家を処分することは、私だって面倒でしたし、「祖母を住み慣れた家から追い出すのか」「俺の生活はどうなるんだ」などと文句を言われ、**誰ひとり、実家じまいに前向きではありませんでした。**

ただ、その時点で実家はすでに築30数年。やれ水道管が壊れた、やれコンロの調子が悪いと、修繕費にウン万円、ウン十万円かかることもしょっちゅう。しかも祖母は年金暮らし、父も大した収入があるわけではない。そんなわけで固定資産税を含め、もろもろ私が負担し続けていたのです。しかし、私もすでに子ども2人を抱えた母親ですし、子どもの教育費や自分の将来のために少しでも貯金をしたい。そこで10年以上も懸案事項だった実家を、「いよいよ片づけるか……！」と重い腰を上げたのです。

動き始めて早速、いくつものハードルがのしかかってきました。まずは不動産屋に行き「そもそもこの家、売れるの？」という確認をしたら、建物が未登記、土地は亡くなった祖父の持ち物のままであったことが判明。売るためには、市役所の確認が必要だったり、祖父から父に名義を登記し直したり、白アリ調査をしたり。そういった手続きや見積もり作業は確かに面倒でしたが、すでに整理が得意になっていた私、それなりにサクサクと進めていけました。

しかしそもそもこんな広い家、現代ではなかなか買い手がつかないし、さりとて家を取り壊す費用なんてとても捻出できない。だったら家をからっぽの状態にして、すぐにリフォームに取りかかれるくらい、中身を片づけなければ……。「仕方ない、私がやるか」「だって私、今は汚部屋を脱出した、整理収納アドバイザーだし！」と自分を奮い立たせ、実家じまいに取りかかったのです。

整理収納のプロでも片づけられなかったモノ

0歳の二男を抱っこひもで背負いながら始めた実家じまい。膨大なモノの量だけれど、最初は「やれる」と思ったのです。整理収納アドバイザーとして数々のお客さまと接し、片づけてきた実績も自負もありました。「今の私ならできるでしょ！」と思っていたのです。

でも結果から言うと、できませんでした。片づけのプロの私でも、片づけられなかった。「私には無理だ」と断念し、業者にお任せして、お金で解決してしまったのです。

それでも最初は、できることから取りかかっていました。いつのモノかわからないチラシや妹宛に届いた書類、未開封の引き出物など。自治体で通常通りゴミとして出せるモノを取り出しては、粛々とゴミ袋に入れる作業を進めていきました。
しかし、祖父母の残した持ち物やかつて使っていたホコリを被ったミシン、座っていた椅子などを眺めているうちに、「私には捨てられない」と、動きがピタッと止まってしまったのです。

残されたモノを眺めていると、元気だった祖父母の様子や、楽しかった子どもの頃の記憶がよみがえってきます。

父と母は離婚して、子どもたちは家を出て音信不通になったり、引きこもったり。その後を考えると夕方のニュースに登場しそうな、問題だらけの家族でしたが、それでも皆がひとつ屋根の下にいて、楽しく食卓を囲んだこともありました。
私にもやさしかった祖母が、今は記憶も曖昧になって、生活もおぼつかなくなっている……そんな祖母の愛用品を眺めていると、さまざまな思い出と、とてつもない悲しみが襲ってきて、立ちすくんでしまったのです。頭では、理論上では片づけ方がわかっている。でも、それ以上進められなかったのです。

「私には無理」と気がついたのは、取りかかって割と最初の段階でした。その後すぐにゴミ収集の業者に連絡し、撤去作業を委託しました。さすがプロ、あっという間に作業は完了。10年以上も懸案事項だった実家じまいでしたが、**思い立ってからたった4か月で、土地や家屋の登記、屋内外の片づけ、不動産経由の売買が成立して、引き渡しまで完了してしまったのです。**

当初の見積もりでは、土地+建物で売値は1200万円ほどでした。けれども、モノの処分にお金がかかってしまったので、結果として手元に残ったのは400万円程度。**なんと800万円もの損失でした。**

それまでずーっと払い続けてきた固定資産税、ウン百万円に及んだ各所の修繕費。祖父母がまだ元気なうちに、私が出産前で身軽なうちに、実家じまいにもっと早く取りかかっていれば、こんなに損をすることはなかったのかもしれない……そう考えると、実家は片づいたものの、気持ちが落ち込むことが何度もありました。

しかし、実家じまいを終えてしばらく経ったとき。長年音信不通だった妹が亡くなったことを知り、さらにお葬式のときに、一緒に暮らしていたという妹のパートナーから「数年前に2人で実家を見に行っていた」という話を聞いたのです。

驚きました。離れていても、妹にとって実家は「帰る場所」だったのかもしれません。もし私が早々に実家じまいをしていたら、彼女は生きている間に家を見ることができなかったかもしれない。そう考えたら「このタイミングでよかった」と、神様が言ってくれたような気もしました。

タイミングは人それぞれです。けれどもし「家を片づけなくてはいけない」「実家をどうにかしなくては」と、同じような思いを抱えている方がいるならば、この本を手にした「今」が、そのタイミングなのだと思ってもらえるとうれしいです。

「実家の片づけ」のちょっとしたコツ

「実家じまいなんて私には関係ない」と、なんだか人ごとのように捉える方もいるでしょう。30代、40代の人はとくに「いつまでも親は元気でいる」と思い込んでいる方が少なくありません。そして親世代の方々も、趣味のモノや使いもしないモノをため込んで、「私たちが死んだら全部捨てて」なんてことを気軽に口にするのです。

「おいおいおい『捨てて』って、**一体誰が捨てるんだ？**」と、私は言いたいです。1人の人間がため込んだ持ち物を処分する作業は、多大なお金と時間とメンタルが削られます。**「そんな思いを、子どもにさせたいのですか？」**と尋ねたい。

大量に残された不用品は、はっきり言って残された人への「負債」です。借金を残して亡くなるようなもの。でも逆に考えれば、**片づけというものは、残された家族や子どもに対する「大きなギフト」**でもあると思うのです。モノを必要最小限に整えておけば、その負債は限りなく小さくなります。

個人のお客さまの相談を受けていたときは、実家じまいや片づけに関して、本当に多くの悩みが寄せられました。「年老いた親に片づけを促すのが本当に難しくて」と。使っていないモノを指差して「これ捨てようよ」などと言おうものなら、カンカンに怒りだして話がまったく進まない。「処分して片づけたい派」と「持っておきたい派」の戦いは、整理収納に関する相談の永遠のテーマです。

大前提として、私のスタンスは**「家族でも、自分以外のモノは捨ててはいけない」**です。夫のモノ、子どものモノ、両親のモノ、兄弟のモノ。はたから見るとゴミのように見えたとしても、モノに対する思い入れは人それぞれ。それを勝手な判断で断りもなく処分すれば、人間関係にひびが入ります。

私がよく「実家の片づけの小ワザ」としてお伝えしているのが**「これちょうだい作戦」**です。親たちは使っていないけれど、まだ使えるから捨てられない。そういうモノは「これちょうだい」と所有権を移してから処分する。これが結構有効で、会うたびに不用品をもらって帰り、整理していくのです。

でもこれらの方法はあくまで小ワザ。片づける気がない親たちに、片づけを促すのは本当に至難の業で、「どうしたらいいですか」と相談を受けても、特効薬となるようなアドバイスをお伝えできないのが正直なところです。

王道はやはり、**本人たちに自ら「片づけよう」と思わせること。**そのためには、「片づけないとこんなに損」とか「片づけるとこんなに明るい未来が待っている」という話を、さりげなく根気よく伝えていくしかない気がします。

そしてその話に説得力をもたせる意味でも、すっきり片づいた空間で、生き生きと暮らす自分自身の姿を見せること。**まずはご自分が、片づけの力をしっかりと味わうことが近道になるかもしれません。**

仕組みさえあれば、子どもでも片づけられる

「片づけは子どもへのギフト」。この言葉には2つの意味があると思います。1つは、**親が自らの持ち物を片づけ、亡くなったあとに子どもに片づけの負担を残さないこと。**そしてもう1つは、**親が子育ての中で、片づけの大切さを、子どもにきちんと伝えていくこと。**

私が整理収納アドバイザーの活動を始めたのと子育てが始まったのはほぼ同時期でした。驚いたことに、仕組みさえつくれば1歳児でも片づけをするのです。親世代の手ごわさと比べて（苦笑）、子どもへの片づけ教育のほうがなんとラクなことか！

片づけ教育とは「片づけなさい！」とガミガミ怒ることではありません。そもそも

子どもは「片づけ方」なんて知らないのです。現に私自身、33歳になるまで「片づけ方」を一切知らないで大人になってしまいました。

小さな子どもに「片づけなさい」と言っても、なにをしたらいいのかわからない可能性があります。なにをしたらいいのかわからないと、子どもはイライラしちゃいますよね。そんなときは**「もとの場所に戻してね」**と言えばいいのです。親の言うことを理解できる年齢であれば、これで子どもでも片づけができるのです。

「モノを使ったあと、もとの場所に戻す」。すご〜くシンプルです。このシンプルさは、子どもにも伝わります。でもそのためには、**すべてのモノに「住所」を決めてあげる必要がある**のです。

子どもならではの動線を吟味して、いちばん片づけがスムーズになる場所を一緒に決める。子どもがまだ小さいなら、区分けが厳密すぎたり、戻し方が難しかったりしないほうがいいですね。場所を決めても忘れることが多いので、必要があればラベルを貼ってあげる。視覚的にわかるよう、写真やイラストのラベルを活用してもいいでしょう。こうして初めて「もとに戻してね」が言えるようになるのです。

さらに定期的に持ち物を点検し、**「いる」「いらない」を自分で判断させます。**「おもちゃは5個までにしようね」「新しいモノが増えたから、これはもういらないかな？」など、判断基準を与えるのは親の役割。でも、**最終的な判断は必ず子ども自身に任せる**のです。

そしてなによりも、親自身が片づけを楽しんでいる様子を見せ、片づいた空間の気持ちよさを共有していく。そんなことを続けていけば、自然と「片づけられる子ども」に育っていくのです。

この本が出る時点で、私の子どもは5歳と2歳。やんちゃな男の子2人ですが、「子どもの片づけ」で悩んだり、ストレスを感じたりすることはほとんどありません。仕組みさえあれば子どもでも片づけられるということを、日々実感し続けています。

片づけ習慣は、子どもの未来を決める

「自分の片づけもままならないのに、子どもの片づけ教育まで無理！」と思う方がいるかもしれません。けれど**「片づけ習慣を身につけるかどうかで、子どもの未来が決まる」**としたら、どうでしょう。塾や習い事よりも「片づけ力」のほうが、じつは子どもの人生に大きな影響を与えるかもしれないのです。

私はよく「片づけ習慣がつくと、身につけられる力が3つある」とお伝えしています。**「決断力」「継続力」「人生を選ぶ力」**の3つです。

片づけ力とは、モノをしまい込む技術なんかではなく、モノを「いる」「いらない」にきっぱりと決断できる能力のこと。おもちゃや絵本、教科書、洋服など、子どもの身のまわりにあるモノは、子ども自身に判断させてそのつど処分する。これを日常的に続けていくと、嫌でも「決断力」が身についていきます。

人間は1日に何万回もの決断をしていると聞いたことがあります。決断できずにウダウダ迷うか、スパッと決めて進むか。大きな差が生まれると思いませんか。

「いつか使うかも」と迷って判断できず、部屋が散らかってしまう人も、**片づけ習慣を続けていると「これはいらない」「これは使わない」と瞬時に判断できるようになっていきます（現に私自身がそうです。今は決断の鬼！）。**人生を軽やかに進んでいきたいなら、「決断力」は絶対に外せないスキルといえるでしょう。

また残念なお知らせですが、片づけや整理は「一度やったら終わり」ではありません。生きていく限り、ずっと続いていくもの。学校で進級したとき、新しい家族が増えたときなど、生活が変化したタイミングで一体なにが必要でなにが不要か。新しいモノを買ったとき、手元にある古いモノはどうするか。ずっと継続していきます。日常的に片づけを続けていけば、自然と「継続力」が身についていくのです。

片づけって面倒なイメージがあるかもしれませんが、続ければ続けるほど、ラクになっていきます。毎日ちょこちょこ、コツコツ続ければ、ほんの少しの労力で終わります。でも「1週間まとめて」「1か月まとめて」「1年まとめて」とためてしまうと、負担が何倍にもふくれあがってしまう。掃除の汚れと一緒です。

片づけが習慣化している人は、そのことに気づいているのです。「汚れる前に、ごちゃごちゃになる前に、さっとやっちゃおう。そのほうがあとあとラクだから」。その事実に気づけない人が、リバウンドをしてしまうわけです。

そして、ものごとは続けていないと転がっている運にも気がつけない。毎日コツコツ続けるからこそ、「チャンス到来」と気づけるのです。片づけを続けると、そんな「継続力」が自然に身につきます。

そして「決断力」と「継続力」の2つが身につけば、自然と「人生を選ぶ力」も身につきます。これも私自身が実感しているのですが、**「本当にやりたいこと」がわかり、逆に「絶対にやりたくないこと」も明確になり、不用なモノをすっと手放せるようになっていくのです。**

人間って実現できない願望や、自分には持ちえない他人の才能への羨望、ありもしないことへの不安など、あっちにふらふら、こっちにふらふらと、不用な感情で多くの時間やお金、思考などを浪費しがちです。本当にムダです。これらは言わば、心の中にたまった不用物＝ゴミ。**これらを早々に判別して手放し、本当に大切なモノやコトに焦点を当てて生きていったほうが、絶対に人生は楽しい。**

自分の頭で考え、自分の力でつかみ取っていく。子どもたちにそんな人生を送ってもらいたくないですか。私は片づけを知らなかったせいで、ものすごく回り道をして苦労をしました。子どもたちには、そんな思いをさせたくない。それこ

片づけは、子どもに自分らしい人生を選び取る力を与えてくれる。

そが、私が「片づけは子どもへの最大のギフト」と考える大きな理由なのです。

おわりに

汚部屋生まれ汚部屋育ち。
雑な奴はだいたい友達。
単位の管理が雑で高校留年。
ブラック企業で消耗。
そのストレスを酒と浪費で発散。
それがたたってか、20代でがん。
家計管理が雑で貯金ゼロ。

誰もが羨まない人生。ほかの誰でもない、私自身が自分の人生を悲観していました。

友人たちは親に学費を出してもらって優雅な学生生活。どうして私は自分で学費を出すどころか、実家の経済的な面倒まで見なきゃいけないんだろう。あんなに頑張って働いて貯めた学費で、一生懸命勉強した先がなんでこんなブラック企業なんだろう。この若さでがんにならなきゃいけないほど悪いことしたのかな。なんで……。

でもまぁ、私の人生なんてこんなもんか……。

そんな私の人生にたった1つ幸運があったとしたら、片づけに出合ったことです。片づけに出合って、私の人生は文字通り激変しました。

汚部屋（本当はゴミ屋敷）が片づいた。
貯金ゼロからの資産形成。
ブラック企業の社畜から整理収納アドバイザーに転身。
高校留年という経歴でありながら都立高校の客員講師に（単元：整理整頓）。

見たことすらなかったインスタグラムのフォロワーさんが30万人超え。
家と会社の往復、ときどき飲酒という行動範囲だったのに海外からもセミナー依頼。
オタクがまさかの出版、しかもオタクのくせに薄い本ではない。

こんな人生の大逆転劇、片づけ以外で起こるでしょうか。私はスピリチュアル的なことはわかりませんが、片づけだけは神様からのプレゼントだと思えるのです。収納の余白には幸せの神様が宿ると信じています。ドラゴンボールの歌にも「頭がからっぽの方が夢が詰め込める」ってあるしね。余白に詰め込んだ夢はたくさん叶いました。

「400kgのいらないモノ」を捨てたら、その余白に本当に必要なモノだけが残って、雑でも小ぎれいな暮らしが叶った。
「育児中は不自由」という思い込みを捨てたら、その余白にチャンスが巡ってきて、子連れ出張で国内外を飛び回ったり、5歳の長男と親子留学したりと、子どもが小さくても、夢見た生き方が叶った。

「今さら」という言葉を手放したら、その余白に**いつからでもなんだってできる！**　というマインドがインストールされて、人生がまるごと片づいた。

片づけは、「親のせい」「会社のせい」「病気のせい」……と、他責で生きていた私に「自分の人生を生きなさい」というメッセージをくれたように思えるのです。辛かったすべての経験に、感謝の気持ちすら湧いてきます。片づけに出合うためだったのだ、と。

今このタイミングで本書に出合ってくれたあなた、おめでとうございます。センスと運がよすぎる。あなたは今、人生の分かれ道にいます。

片づけずに、今の人生の続きをプレイするか。

人生まるごと片づけて、ニューゲームを始めるか。

どちらを選ぶかはあなた次第。

改めて、読者の皆さんが人生を失うことなく、片づけを通して夢を叶えてほしいと、心から願っています。手放すことで得た余白に、幸せの神様が宿りますように。

ぴょり

整理収納アドバイザー。夫、長男、二男との4人暮らし。
祖父母の代から3代続く汚部屋出身者で、片づけ方を知らずに育ち、自身も汚部屋で33年間過ごす。マイホーム購入をきっかけに整理収納に目覚め、400kgの捨て活や2000万円の節約に成功し、片づけで人生を変えた。「That's雑でも片づいた」を合言葉に、雑な性格でも片づく収納術やグッズの紹介、片づけのテクニックをSNSで発信し、話題に。「雑でも小ぎれいに暮らす」がモットー。

Instagram　@pyori_ismart

プロフィールサイト

デザイン
柴田ユウスケ
吉本穂花
三上隼人
(soda design)

撮影
山川修一

DTP
ビュロー平林

校正
大島祐紀子

構成
田中のり子

編集
兼子美希

400kg捨《す》てたら人生《じんせい》まるごと片《かた》づいた

発行日　2025年4月16日　初版第1刷発行

著者　ぴょり
発行者　秋尾弘史
発行所　株式会社 扶桑社
〒105-8070　東京都港区海岸1-2-20　汐留ビルディング
電話　03-5843-8581(編集)
03-5843-8143(メールセンター)
www.fusosha.co.jp
印刷・製本　株式会社加藤文明社

ISBN978-4-594-09871-1